KB200520

나의 사랑하는 성령님

김열방 김사라 박경애
이은영 정은하 지음

My beloved Holy Spirit

"나의 사랑하는 성령님,
많이 좋아하고 사랑합니다."

날개미디어

나는 성령님을 많이 좋아하고 사랑한다

당신은 성령님을 좋아하고 사랑하십니까?

나는 성령님을 많이 좋아하고 많이 사랑합니다.

성령님은 내 인생을 바꾼 분이시고 나의 전부이십니다.

나는 아침마다 성령님께 인사를 드립니다. "성령님, 안녕하세요? 오늘도 참으로 좋은 날입니다. 오늘은 성령님의 날입니다."

그리고 암송한 성경 구절을 중얼거립니다. "내가 누워 자고 깨었으니 여호와께서 나를 붙드심이로다. 천만인이 나를 에워싸 진 친다 하여도 나는 두려워하지 아니하리이다."(시 3:5~6)

나의 하루는 그렇게 시작됩니다. 그리고 매일 아침, 10분간 길을 걸으며 '구명손 어음' 다섯 가지를 습관적으로 실천합니다.

첫째, 구합니다.

"전능하신 하나님, 예수 이름으로 구하오니 이것을 주소서."

둘째, 명령을 내립니다.

"예수 이름으로 명하노니 악한 영들은 모두 묶음을 받고 떠나가라. 내가 구한 것들은 지금 당장 들어와라."

셋째, 손바닥 위에 있다고 말하며 주님께 감사합니다.

"하나님, 감사합니다. 내가 구한 모든 것이 내 손바닥 위에 있습니다. 믿음은 바라는 것들의 실상입니다. 나는 가졌습니다."

넷째, 어떻게든 들어온다고 믿습니다.

하나님은 없는 것을 있는 것처럼 부르시며, 죽은 자를 살리시며, 안 되는 것을 되게 하시며, 바랄 수 없는 중에 바라게 하시는 분입니다. 하나님이 어떻게든 주신다고 믿습니다.

다섯째, 음성을 듣고 실천합니다.

"성령님, 어떻게 할까요?"라고 물으면 그분은 내게 구체적으로 말씀하십니다. 나는 그분의 세미한 음성을 듣고 실천합니다.

성령님의 음성을 따라 살지 않으면 오지라퍼(오지랖이 넓은 사람. 남의 일에 지나치게 상관하는 사람)가 됩니다. 그러면 하루 종일 분주하게 돌아다니지만 얻는 것이 별로 없습니다. 예수님은 3년 만에 하나님의 뜻을 완수하셨는데, 오지랖이 아닌 음성을 따라 살았기 때문에 가능했던 것입니다. 나도 그동안 오지랖이 아닌 음성을 따라 살았기 때문에 많은 일을 할 수 있었습니다. 당신도 오지랖이 아닌 음성을 따라 살며 순간마다 이렇게 말하십시오.

"나의 사랑하는 성령님."

김 열 방

[목차]

성령을 체험하겠다는 꿈을 가지라

지금 당신의 꿈은 무엇인가요?

20세 때 나의 꿈은 성령을 체험하는 것이었습니다.

나는 밤낮 고민했고 구하고 찾고 두드렸습니다.

'어떻게 하면 성령을 체험할 수 있을까? 내 힘으로는 도저히 거
룩한 삶, 능력 있는 그리스도인의 삶을 살 수 없어. 세계적으로
크게 쓰임 받은 수많은 하나님의 사람들이 성령을 체험하고 그분
의 능력과 지혜를 통해 큰일을 했어. 나도 그것이 가능할까?'

하지만 내게는 그 날이 언제가 될지 알 수 없었습니다.

길을 걷던 중에 성령의 임재를 체험하다

그러던 어느 날, 나는 길을 걷던 중에 성령의 강한 임재를 체험했습니다. 내 온 몸을 흐느끼며 뜨거운 눈물을 흘리며 울며 회개했고 입에서는 아름다운 방언이 강물처럼 계속 흘러나왔습니다.

"셀라드리 셀라드리, 하랄라랄라. 이너 웨이스티얼……."

나는 크게 감격했고 말할 수 없이 기뻤습니다.

당신도 성령을 체험하겠다는 꿈을 가지십시오. 성령님이 없이는 당신의 인생에 좋은 것이 아무것도 없습니다. 성령님을 만나고 성령님의 음성을 듣고 성령님의 인도하심을 받을 때 하나님의 뜻을 이루는 참된 성공이 있습니다. 나의 사랑하는 성령님.

인생의 모든 성공은 거기에서부터 출발합니다.

예수님께서 제자들에게 말씀하셨습니다.

"그들을 향하사 숨을 내쉬며 이르시되, 성령을 받으라."(요 20:22)

내가 기도해 준 사람마다 성령을 받았다

그 후로 나는 완전히 다른 사람이 되었습니다.

성령의 사람이 된 것입니다. 나는 모든 일을 성령님과 함께 했고 날마다 기적이 일어났고 성령의 바람이 불기 시작했습니다.

내가 예수 이름으로 기도하는 사람마다 어린 아이부터 노인까지 다들 성령을 강하게 체험하고 방언을 비롯한 여러 가지 은사를 받고 더러운 귀신이 소리치며 떠나가고 병이 나았습니다.

내가 성령을 받았다는 소식을 들은 사람들이 와서 말했습니다.
"나도 네가 받은 성령을 받고 싶다. 나도 체험하길 원한다."
내가 그들을 위해 기도하자 모두 성령을 체험했습니다.

"이에 두 사도가 그들에게 안수하매 성령을 받는지라."(행 8:17)

성령이 말씀을 듣는 청년에게 임하셨다

당신은 사도행전 10장 사건을 눈으로 본 적이 있습니까?
고넬료 집안사람들이 베드로의 입에서 나오는 하나님의 말씀을 듣는 중에 성령을 받고 방언을 말하게 된 사건입니다.
내가 학생부 여름 수련회에서 강사로 말씀을 전할 때였습니다.

"여러분, 예수 그리스도는 지금도 살아 계십니다. 예수님은 죄를 사하시는 구원자이십니다. 예수님은 귀신을 쫓아내시는 권능자이십니다. 예수님은 병을 고치는 치유자이십니다. 예수님은 필요한 것을 채우시는 공급자이십니다. 예수님은 성령으로 세례 주시는 세례자이십니다. 그분은 지금 이 자리에 와 계십니다. 세례 요한은 물의 강물에서 물로 세례를 주었지만 세례자 예수님은 불의 강물에서 성령과 불로 세례를 주십니다."

그렇게 말하는 순간 성령이 임하기 시작했습니다. 맨 뒷자리에 벽에 기대고 앉아 집회를 구경하고 있는 한 청년에게 성령이 임하기 시작한 것입니다. 그녀는 말씀을 듣는 도중에 갑자기 성령에 크게 감동되었고 순간 성령과 불로 세례를 받아 턱이 아래위로 심하게 떨리며 방언이 주체할 수 없을 정도로 입에서 쏟아지기 시작했습니다. 모두들 '이게 무슨 일인가?' 하고 뒤를 돌아보았는데 그녀에게 성령이 임하는 모습을 보고 큰 충격을 받았습니다. 나는 그녀를 앞으로 불러냈습니다. 그녀는 크게 흐느껴 울며 온 몸을 흐느적거리며 앞으로 겨우 걸어 나왔지만 강한 성령의 기름 부음 때문에 제대로 서 있지 못했습니다. 나는 외쳤습니다.

"여러분, 모두 회개하십시오. 성령의 불이 임하고 있습니다."

다들 큰 소리로 주님을 부르며 회개하며 기도하기 시작했습니다. 그러자 모든 학생들에게 성령의 불이 임했고 방언을 말하기 시작했습니다. 3일간의 수련회를 통해 모두 변화되었습니다. 그때 은혜를 받은 학생들은 하나님께 자신을 헌신했습니다.

성경에도 이와 동일한 사건이 나옵니다.

"베드로가 이 말을 할 때에 성령이 말씀 듣는 모든 사람에게 내려오시니 베드로와 함께 온 할례 받은 신자들이 이방인들에게도 성령 부어 주심으로 말미암아 놀라니 이는 방언을 말하며 하나님 높임을 들음이러라."(행 10:44~46)

당신도 사모하면 성령을 받게 된다

당신도 사모하십시오. 그러면 하나님이 부어 주십니다.

날마다 이렇게 말하며 구하고 찾고 두드리십시오.

"주님, 저도 받기를 원합니다. 정말 사모합니다."

한두 번 구하고 안 된다고 당신의 수준을 낮추지 마십시오.

성령의 나타남을 믿고 끝까지 구하고 찾고 두드리십시오.

하나님은 어떻게든 주십니다. 받을 때까지 구하고, 찾을 때까지 찾고, 열릴 때까지 두드리십시오. 결코 포기하지 마십시오.

"어떤 여자가 열 드라크마가 있는데 하나를 잃으면 등불을 켜고 집을 쓸며 찾아내기까지 부지런히 찾지 아니하겠느냐?"(눅 15:8)

어떤 경우에도 당신의 수준을 낮추지 마라

당신은 혹시 성령의 나타남을 간절히 원했지만 당신이 원하는 시간에 빨리 안 나타난다고 금방 포기하지 않았나요?

나는 "성령의 권능으로 살리라"고 꿈과 소원을 가진 후에 어떠한 경우에도 수준을 낮추지 않고 계속 구하고 찾고 두드렸습니다.

그러자 어느 순간 하나님이 응답하셨고 나를 통해 다른 사람에게까지 성령의 기름 부음이 강물처럼 흘러가게 되었습니다.

당신도 하나님의 구원과 권능, 치유와 공급을 사모하십시오.

어떤 경우에도 당신의 꿈과 소원의 수준을 낮추지 마십시오.

나는 오늘 수준을 낮추지 말라는 하나님의 음성을 들었습니다.

"사랑하는 아들아, 어떤 경우에도 너의 꿈과 소원, 위치와 수준을 낮추지 마라. 내가 그 모든 것을 반드시 응답해 주겠다."

당신을 잘 안다고 생각하는 고향 사람들은 당신에게 끊임없이 당신의 꿈과 소원, 위치와 수준을 낮추라고 말합니다.

"황당한 꿈과 소원을 갖지 마라. 그렇게 높은 곳에서 따로 놀지 마라. 최대한 수준을 낮추고 우리와 어울리며 평범한 삶을 살자. 왜 성령과 불로 세례를 받고 성령의 이끌림을 받는 최고의 삶을 살려고 하니? 네가 예수님도 아닌데, 그게 가능할 것 같아?"

거룩한 삶, 권능이 충만한 삶, 그것이 하나님의 뜻입니다.

높은 수준의 삶을 마음에 품고 있다가 그대로 안 되면 실망하니까 아예 낮은 수준의 삶에 머무는 것이 마음 편하다고 말하는 것은 뱀 같은 마귀의 속임수입니다. 마귀는 "이 돌로 떡이나 만들어 먹고 배를 채워라"고 말합니다. 그렇지 않습니다. 사람은 떡으로만 사는 것이 아니라 하나님의 입에서 나오는 모든 말씀으로 살아야 합니다. "당장 먹고 살기도 바쁜데 무슨 배짱으로 시간을 뚝 떼어 기도하고 말씀을 읽고 묵상해? 혼자 거룩한 척 하지 마."

마귀는 내게 끊임없이 삶의 수준을 낮추라고 유혹했습니다. 하지만 나는 마귀의 말을 듣지 않고 하나님의 음성을 들었습니다.

육신도 내게 힘드니까 도전하지 말고 포기하라고 했습니다.

'뭘 그렇게 특별한 능력을 받으려고 해? 지금으로 만족해.'

'육신을 쳐서 복종시키고 영의 사람이 되는 게 쉬운 줄 알아.'

당신은 육신의 생각을 따라 살지 않습니까?

육신의 생각은 하나님을 기쁘시게 할 수 없습니다.

육신의 생각은 사망이요 영의 생각은 생명과 평안입니다.

"육신을 따르는 자는 육신의 일을, 영을 따르는 자는 영의 일을 생각하나니 육신의 생각은 사망이요 영의 생각은 생명과 평안이니라. 육신의 생각은 하나님과 원수가 되나니 이는 하나님의 법에 굴복하지 아니할 뿐 아니라 할 수도 없음이라. 육신에 있는 자들은 하나님을 기쁘시게 할 수 없느니라. 만일 너희 속에 하나님의 영이 거하시면 너희가 육신에 있지 아니하고 영에 있나니 (롬 8:5~9)

육신의 생각은 영의 일을 하지 못하게 하려고 막아섭니다. 그러므로 날마다 영의 생각으로 육신을 쳐서 복종시켜야 합니다.

"그러므로 형제들아, 우리가 빚진 자로되 육신에게 져서 육신대로 살 것이 아니니라. 너희가 육신대로 살면 반드시 죽을 것이로되 영으로써 몸의 행실을 죽이면 살리니 무릇 하나님의 영으로 인도함을 받는 사람은 곧 하나님의 아들이라."(롬 8:12~14)

나는 육신을 따라 살지 않고 영을 따라 살기로 결심했습니다.
"우리는 기도하는 것과 말씀 전하는 것을 전무하리라."(행 6:4)고 고백한 초대교회 사도들처럼 나도 기도와 말씀에 전무하는 최고의 삶을 살기로 선택했고 결심했습니다.

접대하는 일에 빠지지 않도록 주의하라

오늘날 수많은 사역자들이 무엇에 **빠져** 있습니까?

하나님이 보시기에 가장 중대한 사역인 '기도하는 일과 말씀 사역'을 제쳐 놓고 접대를 일삼는 것에 **빠져** 있습니다.

"그 때에 제자가 더 많아졌는데 헬라파 유대인들이 자기의 과부들이 매일의 구제에 **빠지므로** 히브리파 사람을 원망하니 열두 사도가 모든 제자를 불러 이르되 '우리가 하나님의 말씀을 제쳐 놓고 접대를 일삼는 것이 마땅하지 아니하니 형제들아 너희 가운데서 성령과 지혜가 충만하여 칭찬 받는 사람 일곱을 택하라. 우리가 이 일을 그들에게 맡기고 우리는 오로지 기도하는 일과 말씀 사역에 힘쓰리라' 하니……."
(행 6:1~4)

사도들은 성령님의 인도하심을 따라 다시 성령이 임한 원래 목적을 회복했습니다. 성령이 임한 목적은 접대를 일삼는 것이 아닙니다. '기도하는 일과 말씀 사역에 힘쓰는 것'입니다. 말씀 사역은 곧 '전도'를 의미합니다. 예수님은 전도하기 위해 오셨습니다.

예수님은 성령을 받으신 후에 무엇을 하셨습니까? 오직 기도하고 전도하는 일에 힘쓰셨습니다. 그러자 권능이 나타났습니다.

"저물어 해 질 때에 모든 병자와 귀신 들린 자를 예수께 데려오니 온 동네가 그 문 앞에 모였더라. 예수께서 각종 병이 든 많은 사람을 고치시며 많은 귀신을 내쫓으시되 귀신이 자기를 알므로 그 말하는 것을 허락하지 아니하시니라. 새벽 아직도 밝기 전에 예수께서 일어나 나가 한적한 곳으로 가사 거기서 기도하시더니 시몬과 및 그와 함께 있는 자들이 예수의 뒤를 따라가 만나서 이르되 '모든 사람이 주를 찾나이다' 이르시되 '우리가 다른 가까운 마을들로 가자 거기서도 전도하리니 내가 이를 위하여 왔노라' 하시고 이에 온 갈릴리에 다니시며 그들의 여러 회당에서 전도하시고 또 귀신들을 내쫓으시더라."(막 1:35~39)

이 말씀을 자세히 보십시오. 예수님은 기도하셨고 전도하셨고 권능으로 귀신을 내쫓고 병을 고치셨습니다. 당신도 예수님처럼 기도하고 전도하고 귀신을 내쫓고 병을 고쳐야 합니다.

가장 바쁘셨던 예수님도 시간을 뚝 떼어 기도하셨다

기도하는 일과 말씀 전하는 일에 힘쓰십시오.

그러면 빌립과 스데반 집사에게 나타났던 큰 권능과 표적과 기사가 당신에게도 동일하게 나타날 것입니다. 당신 안에 계신 예수님이 누구인지에 대해 알고 가슴 깊이 새기십시오.

구원자 예수님, 예수님은 죄인을 구원하러 오신 분입니다.
권능자 예수님, 예수님은 권능을 나타내시는 분입니다.
치료자 예수님, 예수님은 치료하시는 분입니다.
공급자 예수님, 예수님은 공급하시는 분입니다.
세례자 예수님, 예수님은 성령과 불로 세례 주시는 분입니다.
기도자 예수님, 예수님은 기도하시는 분입니다.

전도자 예수님, 예수님은 전도하시는 분입니다.

이러한 예수님이 당신 안에 실제로 살아 계십니다.

성령님은 예수의 영이십니다. 성령님은 당신으로 하여금 예수님처럼 기도하게 하고 전도하게 하고 귀신을 내쫓고 병을 고치게 하려고 권능을 가지고 오신 분입니다. 결코 사람을 접대하게 하려고 오신 분이 아닙니다. 그러므로 기도하는 것과 말씀 전하는 것을 제쳐 놓고 사람들을 접대하는 일에 빠지지 않도록 주의하십시오. 성령님이 오신 궁극적인 목적을 기억하십시오.

"오직 성령이 너희에게 임하시면 너희가 권능을 받고 예루살렘과 온 유대와 사마리아와 땅 끝까지 이르러 내 증인이 되리라 하시니라"(행 1:8)고 했습니다. 증인은 곧 전도하는 것을 말합니다.

당신에게 성령님이 임하시고 큰 권능을 주신 것은 다른 목적이 아닌 '오직 예수님에 대해 이야기하라'는 것입니다. 성령님은 돈, 명예, 권세, 건물, 학벌, 숫자, 사람이 아닌 오직 예수님을 드러내시는 분입니다. 그분은 예수님을 전하기 위해 오셨습니다.

나는 바울처럼 평생 예수님만 이야기하기로 결심했습니다. "내가 너희 중에서 예수 그리스도와 그가 십자가에 못 박히신 것 외에는 아무 것도 알지 아니하기로 작정하였음이라."(고전 2:2)

성령님과 함께 온 천하에 다니며 만민에게 복음을 전하십시오.

매일 아침 눈을 뜨면 성령님께 인사하십시오.

"안녕하세요? 성령님."

성령의 나타남을 뜨겁게 사모하라

당신은 성령의 나타남을 뜨겁게 사모하고 있습니까?

나는 날마다 성령의 나타남을 뜨겁게 사모하고 날마다 간구하고 있습니다. 지금까지도 성령의 나타남이 많았지만 나는 성령의 나타남이 지금보다 백배 천배나 더 많기를 간구하고 있습니다.

당신도 성령의 나타남을 뜨겁게 사모하십시오. 하나님께서 당신에게 성령을 나타내심은 당신에게 유익하게 하려 하심입니다.

하나님이 유익하다면 유익한 것입니다.

당신도 성령의 나타남에 대해 알아야 한다

성령의 나타남은 무엇일까요? 곧 '성령의 은사들'입니다.

바울은 성도들에게 "신령한 은사들을 사모하라"고 말했습니다.

"형제들아, 신령한 것에 대하여 나는 너희가 알지 못하기를 원하지 아니하노니, 각 사람에게 성령을 나타내심은 유익하게 하려 하심이라. 어떤 사람에게는 성령으로 말미암아 지혜의 말씀을, 어떤 사람에게는 같은 성령을 따라 지식의 말씀을, 다른 사람에게는 같은 성령으로 믿음을, 어떤 사람에게는 한 성령으로 병 고치는 은사를, 어떤 사람에게는 능력 행함을, 어떤 사람에게는 예언함을, 어떤 사람에게는 영들 분별함을, 다른 사람에게는 각종 방언 말함을, 어떤 사람에게는 방언들 통역함을 주시나니 이 모든 일은 같은 한 성령이 행하사 그의 뜻대로 각 사람에게 나누어 주시는 것이니라. 그러므로 너희도 영적인 것을 사모하는 자인즉 교회의 덕을 세우기 위하여 그것이 풍성하기를 구하라."(고전 12:1, 7~11, 14:12)

하나님은 당신이 은사에 있어 부요한 삶을 살기 원하십니다.

은사는 사람의 노력과 훈련에서 나는 것이 아닌 하나님이 선물로 주시는 것이며 초자연적인 능력과 지혜를 말합니다. 성령의 은사를 받아야 풍성한 삶과 사역을 누리게 됩니다.

가장 크고 귀한 은사는 무엇일까?

당신은 지금까지 어떤 은사를 받았습니까?

나는 하나님이 주신 은사를 모두 받아 누리며 날마다 천국같이 행복하게 살고 있습니다. 나는 행복에 푹 젖어 삽니다. 하나님이 주신 은사는 크게 두 가지로 구분됩니다. 무엇일까요?

첫째는 영생이 곧 은사입니다. 로마서 1장 23절에 말씀하기를 "죄의 삯은 사망이요 하나님의 은사는 그리스도 예수 우리 주 안에 있는 영생이니라"고 했습니다. 모든 사람이 죄를 범하였으매 하나님의 영광에 이르지 못하게 되었습니다. 죄로 말미암아 하나님의 영광이 사람에게서 떠났습니다. 태초에 아담과 하와는 하나님의 영광에 둘러싸여 있었으므로 그들은 옷을 입지 않아도 부끄러움과 수치가 없었습니다. 그러나 죄를 짓는 순간 하나님과 단절되었고 부끄러움과 수치를 느끼게 되었습니다.

하나님의 영광으로 둘러싸여 있던 그들에게서 하나님의 영광이 떠나므로 그들의 영혼이 텅 비게 되었으며, 그들의 외모에도 하나님의 빛이 사라지고 어둠의 그림자가 덮였습니다.

그 영혼은 텅 비어 공허함과 허전함을 호소하게 되었습니다.

모든 사람은 죄를 범하였으므로 그 영혼이 비어 있습니다.

하나님께서 자기 형상과 모양을 따라 사람을 만드시고 그 코에 생기를 훅 불어넣으셨습니다. 그러자 사람이 생령이 되었습니다.

생기를 불어넣기 위해서는 어떤 공간이 필요합니다.

바람을 불어넣으려면 그 공간인 풍선이 있어야 하며 그 속에 바람을 불어넣으면 부풀어서 **빵빵**해집니다. 마찬가지로 우리 속에 하나님의 생기를 불어넣으려면 그럴 수 있는 공간이 필요하고 하나님께서 그 공간을 만드셨는데 그것이 곧 영혼입니다.

사람은 동물과 다르게 지음 받았습니다. 서서 걷기도 하고 지, 정, 의 등 인격이 있습니다. 이것도 하나님의 형상과 모양이라고 할 수 있는데 무엇보다 중요한 것은 인간에게 영혼이 있다는 것입니다. 그 영혼에 하나님의 생기가 들어가는 순간 생령이 되었고 영원한 생명을 누리는 삶을 살게 되었습니다.

그런데 죄를 지음으로 말미암아 그 영혼이 하나님으로부터 단절되었고 텅 비게 되었습니다. 이 영혼은 하나님의 생기로만 채워질 수 있습니다. 비어 있는 영혼을 채우기 위해 수많은 사람들이 몸부림칩니다. 돈을 목적으로 삼아 수천억을 벌기도 하고, 명예를 추구하며 수많은 사람들 앞에서 연설하거나 노래를 부르고 다양한 예술 활동을 통해 인정받기를 원하며, 더 높은 권세를 통해 다른 사람들을 지배하려고 합니다. 눈에 보이는 수많은 것을 추구하며, 종교적인 고행과 도를 닦기도 합니다. 이 모두 비어 있는 공간을 채우려고 애쓰는 것들인데, 그 무엇으로도 인간의 비어 있는 공간인 영혼을 채울 수 없습니다.

사람의 영혼은 오직 하나님으로만 채울 수 있습니다.

목마른 사람은, 수가 성 여인이 우물가에서 호소한 것처럼 "나는 남편 다섯을 바꾸었지만 만족이 없었다. 나는 목마르다"라고 말합니다. 수많은 사람들이 돈, 명예, 권세, 건물, 숫자, 학벌, 종교 등으로 자기 영혼의 남편을 바꾸어 보지만 만족이 없습니다.

예수님께서 "네 앞에 있는 내가 곧 메시아 곧 구원자, 그리스도다"라고 말씀하셨습니다. 그 여인이 예수 그리스도를 구주로 믿는 순간 즉시 그 속에서 생수가 터져 나오게 되었습니다. 폭포수 같은 생수의 강이 그에게서 흘러넘쳤고 그 순간 평생의 목마름이 단번에 다 사라졌습니다. 영혼의 참된 만족을 얻게 된 것입니다.

이처럼 하나님께서 우리에게 베푸신 가장 크고 놀라운 은사는 '우리 주 예수 그리스도 안에 있는 영생'입니다. 하나님은 우리가 예수를 구주로 믿는 순간 모든 죄를 사함 받고 성령으로 거듭나고 하나님의 자녀가 되는 권세를 주셨으며, 우리 속에 하나님의 성령을 우리 안에 한량없이 부어 주셨습니다.

성령님은 하나님의 빛으로 오셨으며, 생수의 강으로 오셨으며, 새벽별로 오셨으며, 샤론의 꽃으로 오셨으며, 의의 태양으로 오셨습니다. 성령님은 우리 안에 참된 만족으로 와 계신 그리스도의 영이십니다. 성령님은 하나님이십니다. 지금 당신 안에 성령의 생수의 강이 한강처럼 철철 흘러넘치고 있습니다.

은사가 풍성한 것이 하나님의 뜻이다

당신은 모든 은사를 풍성히 받아 누리고 있습니까?

로마서 8장 32절에 "그 아들을 아끼지 아니하시고 우리 모든 사람을 위하여 내어 주신 이가 어찌 그 아들과 함께 모든 것을 우리에게 은사로 주지 아니하시겠느냐?"라고 말씀했습니다.

의와 성령만 선물로 주신 것이 아니라 "그 아들과 함께 다른 모든 것도 우리에게 선물로 주신다"고 약속하신 것입니다.

건강도 하나님이 주신 선물입니다. 하나님이 당신을 놓으시면 순식간에 당신의 몸의 모든 세포가 떨어져 나가고 몸이 무너져 내릴 것입니다. 하나님이 당신의 몸을 붙들고 계시므로 모든 세포들이 연결되어 있고, 끊임없이 피가 흐르고 있고, 심장이 박동하고 있는 것입니다. 하나님께서 건강을 선물로 주셨기 때문에 당신이 지금까지 건강을 누리며 잘 살고 있는 것입니다. 지금 이 순간이라도 그분이 놓으시면 즉시 먼지가 되어 버립니다. 하나님께서 치유와 건강을 주신 것을 믿고 기뻐하고 감사하기 바랍니다.

또한 하나님께서 당신에게 물질적인 복을 은사로 주셨습니다.

곡식과 새 포도주와 기름과 어린 양의 떼와 소의 떼가 여호와의 은사입니다. "여호와의 은사 곧 곡식과 새 포도주와 기름과 어린 양의 떼와 소의 떼에 모일 것이라. 그 심령은 물댄 동산 같겠고 다시는 근심이 없으리로다"(렘 31:12)라고 했습니다.

하나님께서 당신에게 '재물의 은사'를 주셨으므로 많은 재물이 있고 계속 하나님의 부요함이 나타나고 있는 것입니다. 재물은 하나님의 선물입니다. 그로 인해 당신이 이 땅에서 모든 좋은 것을 누릴 수 있게 된 것입니다. 그분의 은혜에 감사하십시오.

그리고 하나님께서 당신에게 넘치는 지혜를 주셨습니다.

당신에게 하나님이 주신 지혜와 지각이 있으므로 모든 것을 분별하게 되었고 하나님이 계신 것을 알게 되었고 하나님을 경외하고 하나님이 우주 만물을 창조하신 것을 알고 믿게 된 것입니다.

당신이 이 땅에서 사는 동안에 순간마다 일어나는 수많은 문제들을 하나님이 주신 지혜로 해결해 나가고 있고, 하나님이 주신 지혜로 공부를 하게 되고 많은 지식을 습득하게 된 것입니다.

특별히 예수 그리스도를 믿게 된 순간 성령을 통해 세계 모든 민족 위에 뛰어난 인물이 될 수 있는 천재적인 지혜가 당신에게 흘러넘치게 되었습니다. 그러므로 나는 분명히 말합니다.

"당신은 그리스도 안에서 천재다."

당신은 그리스도 안에서 완전히 새로운 피조물이 되었습니다.

더 이상 '바보, 미련한 놈'이 아닙니다. 존귀한 천재입니다.

예수님께서 나의 죄와 목마름과 병과 가난과 어리석음을 다 짊어지시고 십자가에서 피 흘려 죽으셨고 그분은 "다 이루었다"(요 19:30)고 외치셨습니다. 그 후에 내게 의를 선물로 주셨습니다. 성령을 선물로 주셨습니다. 치유와 건강을 선물로 주셨습니다. 하나님의 부와 천재적인 지혜를 선물로 주셨습니다. 꿈과 소원이 선물로 이루어지게 하셨습니다. 기도 응답도 선물로 받게 해 주셨습니다. 이 모든 것이 말할 수 없는 하나님의 은사입니다. 나는 이러한 하나님의 은사를 인해 억만 번이나 감사하고 행복합니다.

"나의 사랑하는 하나님, 억만 번이나 감사합니다."

고린도전서 1장 7절에 말씀하기를 "너희가 모든 은사에 부족함이 없이 우리 주 예수 그리스도의 나타나심을 기다림이라"고 했습니다. 하나님은 우리가 그분이 주시는 모든 은사에 조금도 부족함이 없이, 그 모든 것을 풍성히 누리며 예수님의 재림하시는 그 날까지 여유 있고 행복한 삶을 살기를 원하고 계십니다.

그런데 수많은 그리스도인들이 예수를 구주로 믿고 있음에도 불구하고 이러한 은사들이 있다는 사실조차 모르고 있습니다. 그들은 오직 자기 힘과 능으로 살아가려고 몸부림칩니다. 세상에서 공부해서 얻은 지식과 잔꾀로만 살아가려고 애씁니다. 그래서 마귀에게 자꾸 당합니다. 마귀는 거짓말하는 간사한 놈입니다.

오직 하나님의 능력과 지혜로 사십시오. 악한 마귀를 대적하십시오. 그러면 피할 것입니다. "그런즉 너희는 하나님께 복종할지어다. 마귀를 대적하라. 그리하면 너희를 피하리라."(약 4:7)

당신도 신령한 은사들을 사모하라

당신은 신령한 은사들을 사모하고 있습니까?

나는 지금도 신령한 은사들을 더욱 많이 사모하고 있습니다.

성령님이 우리 속에 들어오시므로 말미암아 나타나는 '사역에 필요한 은사들'이 21가지나 있는데 성경에서는 그것을 '성령의 나타남'이라고도 하고 '은사'라고 말합니다. 한번 살펴볼까요?

1) 지혜의 말씀의 은사
2) 지식의 말씀의 은사
3) 믿음의 은사
4) 병 고침의 은사
5) 능력 행함의 은사
6) 예언의 은사
7) 영분별의 은사
8) 방언의 은사
9) 방언 통역의 은사

10) 사도의 은사

11) 선지자의 은사

12) 복음 전도자의 은사

13) 목사의 은사

14) 교사의 은사

15) 돕는 은사

16) 다스리는 은사

17) 섬기는 은사

18) 권위 하는 은사

19) 구제하는 은사

20) 긍휼히 여기는 은사

21) 재물 얻는 은사

이 모든 은사의 첫 글자를 따면, '지지민병능 예영방방, 사선복목교, 돕다섬 권구긍재'입니다. 이 정도는 중얼중얼 암기하십시오. 한 줄 밖에 안 되지만 성령의 은사를 모두 담고 있습니다.

당신을 향한 하나님의 절대적인 뜻이 무엇입니까?

"형제들아, 신령한 것에 대하여는 내가 너희의 알지 못하기를 원치 아니하노니……."(고전 12:1)

신령한 은사들에 대해 꼭 알기를 원한다는 말입니다.

"너희도 알거니와 너희가 이방인으로 있을 때에."(고전 12:2)

이방인이란 예수를 믿지 않을 때를 말합니다.

"말 못하는 우상에게로 끄는 그대로 끌려갔느니라."(고전 12:2)

말 못하는 우상들의 배후에는 악한 영들이 역사하고 있습니다.

그들에게 끌려 다니면서 짐승처럼 어리석게 살았습니다.

"그러므로 내가 너희에게 알게 하노니 하나님의 영으로 말하는 자는 누구든지 예수를 저주할 자라 하지 않고 또 성령으로 아니하고는 누구든지 예수를 주시라 할 수 없느니라."(고전 12:3)

당신이 예수님을 보고 '나를 구원하신 주님'이라고 부르는 것은 당신 안에 성령님이 가득히 들어와 계시기 때문입니다. 당신은 지금 예수 그리스도를 당신의 구주로 믿고 있습니까? 그렇다면 당신 안에 성령님이 한강처럼 철철 넘치게 들어와 계십니다.

아무리 협박하고 아름다운 말로 설득해도 성령님의 역사가 없는 사람은 "나는 예수를 주라고 시인할 수 없어요"라고 대답합니다. 왜 그럴까요? 예수를 주(主)라고 시인하는 것은 성령님이 역사하셔야만 가능한 일이기 때문입니다.

내가 전도하다 보면 병원에서 암으로 곧 죽어 가는 사람에게 "예수를 주라 시인하기만 하면 구원을 받고 천국에 갑니다. 모든 죄를 사함 받고 하나님의 자녀가 됩니다"라고 말해도 "나는 그렇게 시인 못해요. 예수를 믿지도 않는데 어떻게 그런 거짓말을 할 수 있나요"라면서 거절을 하는 사람이 있습니다.

그렇습니다. "예수를 믿겠다. 그분이 나의 구주다"라고 시인하는 것은 성령님의 역사가 아니고는 절대로 불가능합니다. 당신이 예수를 구주로 믿고 시인하고 있다면 그것은 성령님 때문입니다.

사랑하는 성령님께 억만 번이나 감사하기 바랍니다.

"은사는 여러 가지나 성령은 같고……."(고전 12:4)

모든 사람에게 한 성령이 동일하게 들어와 계십니다.

어떤 사람에게는 한 컵, 어떤 사람에게는 한 동이, 어떤 사람은 넘치게 들어와 계시는 것이 아닙니다. 하나님께서 모든 사람에게 성령을 한량없이 부어 주셨고 그 성령은 동일한 성령입니다.

예수에게 임한 성령이나 우리에게 임한 성령이나 동일합니다.

바울이나 베드로에게 임한 성령이나 빌리 그래함과 무디에게 임한 성령이나 오늘 우리에게 임한 성령이 동일합니다.

성령은 모든 믿는 사람에게 동일하게 임하셨습니다.

어떤 이는 이렇게 말하며 스스로 차별을 짓습니다.

"그 대형 교회 목사님은 큰 성령을 받았고 우리는 작은 성령을 받았어. 그분이 받은 성령과는 우리와 차원과 등급이 다르기 때문에 우리는 절대로 그분보다 더 큰일을 할 수 없어."

그렇지 않습니다. 하나님은 모든 사람에게 동일한 성령을 부어 주셨다고 말씀하고 있습니다. 예수님은 "나를 믿는 자는 내가 한 일을 너희도 할 것이요 또한 이보다 더 큰 것도 하게 된다"고 말씀하셨습니다. 당신은 예수님보다 더 큰일도 할 수 있습니다.

물론 성령의 나타남은 사람마다 다를 수 있습니다. 그것은 꿈의 크기에 따라 성령의 나타남은 비례하고 믿음에 따라 성령의 나타남이 쉬워지기 때문입니다. 성령님은 필요에 따라 그분의 은사를 나타내십니다. 은사는 한 가지만 있는 것이 아니라 여러 가지입니다. 직임도 역사도 한 가지만 아닌 여러 가지입니다.

"직임은 여러 가지나 주는 같으며……."(고전 12:5)

"또 역사는 여러 가지나 모든 것을 모든 사람 가운데서 역사하시는 하나님은 같으니……."(고전 12:6)

지난 주간에도 서울 지역에서 부흥회를 인도했습니다.

수많은 사람들이 내가 전한 말씀을 듣고 복음을 깨달았고 성령을 체험했습니다. 어떤 분은 "이번 부흥회 때 제가 지혜의 말씀과 지식의 말씀의 은사를 받았습니다. 그리고 영분별의 은사도 받았습니다. 이제는 영들이 분별됩니다"라고 말했습니다.

또 다른 사람은 "저도 방언을 받고 싶어요"라고 했는데 앞으로 나와서 내게 안수 받는 순간 즉시로 방언이 터져 나왔습니다. 그는 강단에 엎드려 한참 동안 울며 방언으로 기도했습니다.

또 한 사람은 교회 출석한 지 3주 밖에 되지 않았는데 갑자기 악한 영이 정체를 드러내며 "안가! 안가!" 하고 소리를 질렀고 그 자리에서 경련을 일으키며 데굴데굴 뒹굴었습니다. 내가 그 사람을 일으켜 놓고 "예수 이름으로 명한다. 악한 영아, 나가라"고 명령하자 그 악한 영이 즉시 나갔고 그의 정신이 온전해졌습니다.

그날 수많은 사람들이 성령의 은사를 체험했습니다.

오늘날 성령님께서는 당신에게 더 많은 은사를 나타내기를 원하고 계십니다. 당신에게 없는 더 큰 은사를 사모하기 바랍니다.

"각 사람에게 성령의 나타남을 주심은……."(고전 12:7)

성령이 가득히 들어와 계시지만 나타남이 없으면 당신 자신은 편안할지라도 주위 사람에게는 도움을 줄 수가 없습니다.

나도 그렇습니다. 성령님이 내 안에 한강같이 넘치게 들어와 계시므로 내 영혼은 만족함이 있고 나는 항상 행복하고 기쁩니다.

나 혼자 살기에는 먹을 것과 입을 것만 있으면 족하며, 나 혼자만 구원을 얻기 위해서는 성령님이 내 안에 가득히 들어와 계신 것만으로도 만족할 수 있습니다. 그런데 왜 성령의 나타남을 주십니까? 교회를 든든히 세우고 다른 사람을 돕기 위해서입니다.

당신 혼자 먹을 것과 입을 것을 위해서라면 수십억이라는 돈이 필요하지는 않습니다. 그런데 왜 하나님이 그렇게 많은 돈을 주실까요? 그것은 다른 사람에게 베풀고 나누어주고 도와주기 위해서인 것입니다. 마찬가지로 하나님이 당신에게 성령을 주셨을 때 단지 당신 자신만 만족시키기 위해서 주신 것이 아닙니다.

만약 그렇다면 한 컵 정도만 주셔서 당신의 영혼만 시원하게 하면 될 터인데 왜 한강처럼 넘치는 생수의 강 곧 성령의 기름 부음이 계속 흐르게 하셨을까요? "생수의 강이 흘러 나리라."

그것은 당신의 인생의 목마름의 문제를 영원히 해결할 뿐만 아니라 다른 사람들에게까지 흘러 넘쳐 그들의 인생을 도와주기 위함입니다. 다른 사람들의 필요를 채워 주고 그들을 치료하고 봉사하기 위해서 당신에게 성령을 풍성히 주신 것입니다.

수많은 사람들이 성령의 기름 부음을 넘치게 받고 혼자만 행복하게 살고 있습니다. 성령의 나타남을 더욱 사모해야 합니다. 성령의 나타남이 없으면 사역에 많은 제한을 받습니다.

하나님이 당신에게 성령의 나타남을 주시는 것은 당신과 당신이 섬기는 교회에 유익하기 때문입니다. 사도 바울은 고린도전서 12장에 성령의 나타남을 아홉 가지 은사로 정리했습니다.

"어떤 이에게는 성령으로 말미암아 지혜의 말씀을, 어떤 이에게는 같은 성령을 따라 지식의 말씀을, 다른 이에게는 같은 성령으로 믿음을, 어떤 이에게는 한 성령으로 병 고치는 은사를, 어떤 이에게는 능력 행함을, 어떤 이에게는 예언함을, 어떤 이에게는 영들 분별함을, 다른 이에게는 각종 방언 말함을, 어떤 이에게는 방언들 통역함을 주시나니……."(고전 12:8~10)

이런 아홉 가지 은사를 사모하십시오.

많은 사람들이 이런 은사가 있다는 것도 모르고 있습니다.

사도 바울이 에베소 교회를 향해 "너희가 믿을 때에 성령을 받았느냐?"라고 했을 때 이미 그들은 예수를 구주로 믿고 있었으므로 성령을 받았습니다. 이 말은 "너희에게 성령의 나타남이 있느냐?"라는 질문이었습니다. 그들은 "우리는 성령이 있음도 듣지 못했다"고 했습니다. 당신도 그렇지 않습니까?

수많은 사람들이 예수를 구주로 믿는 순간 이미 성령을 받았습니다. 그 속에 성령님이 들어와 계십니다. 그러나 "나는 죄를 사함 받고 하나님의 자녀가 되었어"라고 하는 이들 중에 "우리는 성령이 있음도 듣지 못하였다"고 말하며 성령의 나타남에 대해 무지하고 관심이 없는 사람이 많다는 사실이 얼마나 놀라운지요.

성령의 나타남에 관심을 가지고 이렇게 기도하십시오.

"나의 사랑하는 성령님, 성령의 나타남을 사모합니다."

지혜의 말씀의 은사를 사모하라

성령의 나타남의 첫째는 '지혜의 말씀'의 은사입니다.

교회에 덕을 세우는데 가장 크고 유익한 은사는 지혜의 말씀의 은사입니다. 이는 말씀에 대한 지혜를 의미합니다. 그냥 지혜와는 다릅니다. 지혜란 '활용한다'는 의미가 있는데 사건과 사물, 사람 등 내 주위에 있는 모든 것들을 활용하는 것을 말합니다.

그에 비해 지혜의 말씀의 은사는 '기록된 말씀인 성경 전체를 활용해서 복음을 정확하게 전달하는 것'을 가리킵니다.

한 교수님은 신학 공부를 많이 했습니다. 유학을 다녀오고 박사 학위를 몇 개나 받고 히브리어와 헬라어에 능통하고 신학 교재도 여러 권 써내고 번역했습니다. 그런데도 그가 마이크를 쥐고 강의를 하면 학생들이 모두 엎드려 잠을 잡니다. 그분은 90분씩 시간을 채우면서 성실하게 강의하지만 학생들은 "그 교수님으로부터 뭘 배웠는지 모르겠어. 머릿속에 남은 것이 하나도 없는 것 같아. 오히려 혼란스럽기만 해. 짜증나"라며 투덜거립니다.

이처럼 많은 것을 공부해서 알고 있음에도 불구하고 지혜의 말씀의 은사가 없으면 가르치는데 큰 어려움을 겪습니다. 그에게 배우는 사람들이 지루해 하며 가르침에 관심을 갖지 않습니다.

당신이 신학 교수나 설교자라면 다른 어떤 은사보다 지혜의 말씀의 은사를 더욱 사모하십시오. 지혜의 말씀의 은사를 통해 성경과 교리, 신학을 가르쳐야 참된 가르침을 줄 수 있습니다.

디엘 무디 같은 사람은 초등학교도 제대로 못 나왔습니다.

그런 그에게 지혜의 말씀의 은사가 있었기 때문에 복음을 정확하게 전달하며 평생 100만 명이나 되는 많은 영혼을 주님께로 인도할 수 있었습니다. 또한 무디성경학교를 세워 수많은 성경 교사들을 배출했고 그가 죽고 난 지금까지도 그의 사역은 지속되고 있으며 세계적으로 엄청난 영향을 미치고 있습니다.

특히 교회학교 교사들에게는 지혜의 말씀의 은사가 절대적으로 필요합니다. 교회를 목회하는 목사님들도 마찬가지입니다.

나는 며칠 전에 한 목사님에게 이런 말을 해주었습니다.

"목사님에게도 지혜의 말씀의 은사가 있습니다."

"그래요? 저는 몰랐는데요."

그분은 자신이 지혜의 말씀의 은사를 받은 것을 모른 채 내가 말씀을 전하는 것을 보고 굉장히 부러워하는 것이었습니다.

그분은 내가 설교한 후에 잠깐 마이크를 이어받아 말을 더듬거리며 천천히 몇 마디를 가르쳤는데, 그 짧은 5분 메시지에 복음의 핵심 내용을 예화를 곁들여 정확하게 가르치고 있는 것을 보고 나는 "아, 이분에게도 지혜의 말씀의 은사가 있구나"라는 것을 발견하게 되었고 그것을 말해 주었던 것입니다.

자신에게 은사가 있어도 있다는 사실을 모르면 제대로 사용할 수 없습니다. 그러면 성령의 나타남 곧 은사로 일하지 않고 자기 힘과 지혜와 노력과 경험으로 일하려고 애쓰기 때문에 사역에 자신감이 없고 많은 열매를 맺지 못하게 됩니다. 마음에 짐만 잔뜩 지게 됩니다. 은사에 대한 분명한 지식이 있어야 합니다.

아무리 연구를 많이 하고 원고를 완벽하게 작성해도 지혜의 말씀의 은사가 없으면 자기 힘으로 가르치게 됩니다. 그러면 10분짜리 설교나 한 시간짜리 강의도 엄청난 짐과 스트레스가 됩니다.

나는 설교할 때 많은 준비를 하지 않습니다.

단지 성경을 펴놓고 입을 열기만 하면 성경 전체가 내 머리에 떠오르고 필요한 구절들이 줄줄 흘러나옵니다. 내가 전하는 메시지가 텔레비전을 통해 전국으로 나가지만 나는 항상 넘치는 자신감과 여유가 있고 두려움이 전혀 없습니다.

토요일 밤에 잠을 자기 전에도 내일 무슨 설교를 할까 고민하지 않습니다. 설교할 것이 너무 많아 고민한 적은 있지만, 언제든지 설교하려고 마음만 먹으면 지혜의 말씀의 은사가 역사해서 말하고자 하는 내용들이 덩어리로 머리에 떠오르게 되고 가슴에 자리를 잡기 때문입니다. 대신 나는 설교 준비를 위해서가 아닌 나의 신앙 성장을 위해 평소에 꾸준히 성경을 공부합니다.

수많은 목회자들이 '이번 주에 무슨 설교를 하지?' 하며 한 주간 내내 마음을 졸이며 밥도 제대로 못 먹고 잠도 설칩니다. 온갖 주석과 설교집을 책상 위에 쌓아 놓고 짜깁기를 합니다.

토요일만 되면 설교 원고 준비한다고 문 걸어 잠그고 전화도 받지 않고 하루 종일 밤늦게까지 앉아 원고를 열 장 채운 후에야 겨우 잠자리에 듭니다. 다음날 아침 떨리는 심정으로 그것을 더듬거리며 읽기 시작합니다. 성도들은 졸고 지루해 합니다.

나는 그렇게 하지 않습니다. 내가 정확하고 힘 있게 주의 복음을 전하는 것은 지혜의 말씀의 은사가 역사하기 때문입니다. 성경을 한번만 쭉 읽어도 어디에 무슨 내용이 있는지 압니다. 필요에 따라 그 내용이 머리에 떠오르고 나는 그것을 선포합니다.

신학대학원을 졸업하고 유학을 다녀오고 박사 학위를 가졌다고 해서 말씀을 잘 가르치고 전하는 것이 아닙니다. 지혜의 말씀의 은사가 있을 때 성령님께서 그것을 통해 말씀을 잘 전하게 해 주시는 것입니다. 베드로와 바울, 빌립과 스데반의 설교가 그랬습니다. 당신도 이런 지혜의 말씀의 은사를 사모하십시오.

사람들은 성령님이 나타내 주시는 지혜의 말씀의 은사를 우습게 생각합니다. '지혜의 말씀의 은사로 설교하면 된다고? 그러면 설교할 내용을 거저 얻는 거잖아.' 그렇습니다. 은사란 말이 '선물'이란 뜻입니다. 내가 100년 동안 노력해서 쌓은 것보다 하나님이 1초 만에 선물로 주신 것이 더 크고 귀하다는 사실을 깨닫고 인정해야 합니다. 사람들은 뭐든지 자기 힘으로 하려고 합니다. 이것은 하나님이 보실 때 큰 교만입니다. 교만을 버리십시오.

하나님이 금방도 내 마음에 이렇게 말씀하셨습니다.

"어떤 사람들은 아주 교만하다. 자기 힘으로 노력해서 이루거나 얻은 것은 크게 생각하지만 내가 선물로 준 것들은 우습게 여기고 작게 여긴다. 내가 선물로 주는 것들은 결코 값싼 것이 아니다. 내 아들 예수 그리스도의 피와 땀과 눈물을 통해 값을 지불한 것이다. 그러므로 내가 선물로 주는 것들을 가장 크고 귀하게 여겨야 한다. 그에 비해 인간의 힘으로 얻은 것은 티끌처럼 작다."

나도 예전에 내 힘으로 설교하려고 애썼지만 실패했습니다.

내가 지혜의 말씀의 은사를 받은 것은 주일학교 교사로 봉사할 때였습니다. 아이들에게 공과를 가르치기 위해 교회로 가는 길에 두려움이 밀려들었습니다. 나는 불안한 마음으로 교회에 도착할 때까지 교재를 손에 들고 애타는 심정으로 부르짖곤 했습니다.

"주님, 아이들에게 무엇을 어떻게 가르쳐야 하나요? 저에게 지혜의 말씀의 은사가 꼭 필요해요. 도와주세요."

기도하고 구하는 것은 받은 줄로 믿으라는 말씀대로 "나는 받았다"라고 믿고 지혜의 말씀의 은사를 의지해서 믿음으로 교재를 보지 않고 가르쳤는데 성령님께서 강하게 역사하셨습니다.

아이들은 내가 전하는 말씀 듣는 것을 좋아했고 한 명도 없이 시작한 반이 열 명, 스무 명으로 늘어나기 시작했습니다. 말씀을 들은 아이들이 다들 예수님을 구주로 영접했습니다. 이것은 지혜의 말씀의 은사가 역사한 결과였습니다. 그리고 그 자리에서 아이들을 위해 기도하면 성령이 임하고 방언이 터지고 귀신이 소리를 지르며 쫓겨 나가고 병든 아이들이 고침 받았습니다. 성령의 나타남을 통해 수많은 아이들의 인생이 변화되었습니다.

"지혜의 말씀의 은사."

이 은사가 있다는 것을 알고 인정하며 사모하십시오.

그리고 예수 이름으로 하나님께 구하십시오. 믿음으로 구한 그것을 지금 받았다고 믿으십시오. 이렇게 말하십시오.

"나는 지혜의 말씀의 은사를 사모하고 구했고 그것을 믿음으로 받았다. 이제부터 내게 지혜의 말씀의 은사가 있다는 것을 의심 없이 믿고 그 은사를 통해 담대하게 말씀을 전파하겠다."

당신이 설교할 때마다 지혜의 말씀의 은사가 나타날 것입니다.

지식의 말씀의 은사를 사모하라

지식의 말씀의 은사가 있습니다.

이것은 '말씀에 대한 지식'을 말합니다. 이것은 지식을 얻는 능력과는 다릅니다. 지식을 얻는 능력을 가진 사람은 학과 공부를 잘하고 학교에서 시험을 쳤다 하면 1, 2등을 합니다. 그렇게 힘들게 공부하는 것도 아닌데 책의 내용이 머릿속에 쏙쏙 들어와 자기가 원하는 점수를 받고 시험만 치면 다 합격합니다.

나의 자녀들도 그렇습니다. 학원에서 선생님들이 말합니다.

"이 아이들이 머리가 너무 좋기 때문에 의자에 오래 앉아 있지 않으려고 합니다. 신기한 것은 그렇게 잠깐 공부하는데도 머릿속에 내용이 다 입력되어 입만 열면 줄줄 나옵니다."

이것은 하나님께서 내 아이들에게 지식을 습득할 수 있는 능력을 주셨기 때문입니다. 이러한 학문적인 지식 곧 영어, 철학, 수학, 역사 등에 대한 지식을 얻는 것은 '지식에 대한 능력'이며 하나님이 다니엘과 그의 세 친구들에게도 이것을 허락하셨습니다.

"하나님이 이 네 소년에게 지식을 얻게 하시며 모든 학문과 재주에 명철하게 하셨다."(단 1:17)

이에 비해 고린도서에서 말하는 것은 '지식의 말씀'의 은사라고 했습니다. 말씀에 대한 지식을 얻게 된다는 말입니다.

성경은 정확 무오한 하나님의 말씀으로 우리에게 주어졌습니다. 그런데 수많은 사람들이 속고 있습니다. 어떤 교사는 이렇게 말하면서 성경 전부가 하나님의 말씀인 것을 부인합니다.

"성경은 하나님의 말씀이 아니야. 여기에서 마태가 한 말이 따로 있고 요한이 한 말이 따로 있어. 그런 것들을 모두 하나님의 말씀이라고 할 수는 없어. 예수님이 한 말만 골라내 그것만 하나님의 말씀으로 인정하고 믿어야 해.”

그리고 어떤 사람은 이렇게 말하기도 합니다.

“구약은 하나님의 말씀이 아니고 신약만 하나님의 말씀이야.”

“아니야, 산상보훈만 하나님의 말씀이야.”

이런 사람들은 하나님의 말씀인 성경에 대한 잘못된 지식을 갖고 있는 것입니다. 우리는 ‘모든 성경’ 곧 창세기부터 계시록까지 66권 모두 하나님의 정확 무오한 말씀이며 성령의 감동으로 기록된 것임을 믿어야 합니다. 악한 마귀에게 속지 말아야 합니다.

“악한 사람들과 속이는 자들은 더욱 악하여져서 속이기도 하고 속기도 하나 그러나 너는 배우고 확신한 일에 거하라. 너는 네가 누구에게서 배운 것을 알며 또 어려서부터 성경을 알았나니 성경은 능히 너로 하여금 그리스도 예수 안에 있는 믿음으로 말미암아 구원에 이르는 지혜가 있게 하느니라. 모든 성경은 하나님의 감동으로 된 것으로 교훈과 책망과 바르게 함과 의로 교육하기에 유익하니 이는 하나님의 사람으로 온전하게 하며 모든 선한 일을 행할 능력을 갖추게 하려 함이라.”(딤후 3:16~17)

어떤 사람은 성경책이 자기 손에 주어져 있지만 성경에 대한 지식이 전혀 없는 것을 볼 수 있습니다. 성경을 매일 공부하고 베껴 쓰고 성경 공부 프로그램을 통해 열심히 배우지만 그래도 성경이 무엇을 말하고 있는지 모릅니다. 히브리어와 헬라어를 공부해서 성경을 해석하려고 노력하지만 이상하게도 그 머릿속에 성경에 대한 분명한 지식이 없습니다. 유대인들이 그랬습니다.

그에 비해 어떤 사람은 정규 신학교를 졸업하지도 않았고 원어를 연구하지도 않았지만 신기하게 성경을 잘 깨닫고 그 의미를 정확하게 이해합니다. 이것은 지식의 말씀의 은사 때문입니다.

또 어떤 사람은 시간 날 때마다 성경을 몇 장, 몇 구절 정도 조금씩 읽었음에도 불구하고 성경을 정확하고 풍부하게 이해하고 그 내용을 머릿속에 꼭 담고 있는 사람이 있습니다. 그는 다른 무엇보다 성경에 대한 지식을 남달리 많이 소유하고 있습니다. 성령님이 성경에 대한 지식을 주시기 때문입니다. "하나를 가르치면 백을 안다"는 말처럼 한 구절을 읽었는데 백 구절을 깨닫는 사람이 있고 백 구절을 읽었는데 한 구절을 깨닫는 사람이 있습니다.

성경을 읽을 때 지식의 영이신 성령님을 의지하십시오.

나는 아내와 산책을 많이 하는 편입니다. 아내와 대화하는 중에 그녀가 한마디씩 던지는 말을 들으면 깜짝깜짝 놀라게 됩니다. 그 말들이 모두 성경에 나오는 내용인데, 성경에 대한 지식을 정확하게 펼쳐 놓기 때문입니다. 그럴 때마다 나는 크게 놀랍니다.

'어, 신기하다. 성경을 내가 더 많이 읽는 것 같은데, 어떤 때는 아내가 나보다 더 많이 알고 있는 것 같아. 어찌된 일이지? 설교도 내가 더 많이 하고, 공부도 내가 더 많이 했는데, 어떻게 저렇게 성경에 대한 지식이 풍부하지? 신기해.'

그래서 가만히 생각해 보니 '아, 아내에게 지식의 말씀의 은사가 있어서 그렇구나'라는 것을 알게 되었습니다. 나는 아내에게

한 마디를 들으면 백 가지로 활용합니다. 내게 성경 전체를 활용하는 지혜의 말씀의 은사가 있으니 그것을 중심으로 논리 정연하게 정리하고 적용하는 것입니다. 아이디어는 아내로부터 얻었는데 그걸로 요리하고 음식을 만들어 차려놓는 것은 내가 하는 것입니다. 지식의 말씀과 지혜의 말씀의 은사 둘 다 사모하십시오.

나도 지식의 말씀의 은사를 사모하고 구했고 받았습니다.

이제는 내게도 지식의 말씀의 은사가 있어서 순간마다 성경에 대한 많은 깨달음이 있습니다. 그리고 이제는 아내에게도 지혜의 말씀의 은사가 있어서 말씀을 매우 잘 가르치고 잘 활용합니다.

지식의 말씀의 은사를 사모하기 바랍니다. 그러면 길을 걷다가도 성경 말씀이 떠오르고 깨달아집니다. 그것을 한마디 던지면 수십 년간 고통당하던 사람의 문제가 간단히 해결됩니다.

"저가 그 말씀을 보내어 저희를 고치사 위경에서 건지시는도다."(시 107:20)

믿음의 은사를 사모하라

어떤 이에게는 '믿음의 은사'를 주셨다고 했습니다.

실제로 성령을 받은 사람들은 모두 믿음의 은사를 가지고 있지만 자신에게 그런 은사가 있는지도 모르기 때문에 사용하지 못하고 있습니다. 믿음의 은사는 어떤 일을 추진할 때 그 일이 가능하다고 믿는 것입니다. 수많은 사람들이 반대 의견을 말합니다.

"그것은 불가능합니다. 어떻게 그 작은 돈으로 그 넓은 땅을 사려고 합니까? 안됩니다. 그러다가 우리 모두 망합니다."

아무리 말려도 믿음의 은사를 받은 사람은 단돈 100만 원을 가지고 1만평의 땅을 사겠다고 뛰어듭니다. 그런데 신기한 것은 그가 일을 시작하면 나머지 돈들이 다 채워진다는 것입니다.

믿음의 은사를 가진 사람은 인간의 눈으로 볼 때 불가능해 보이는 큰일을 과감히 저지르고 초자연적으로 거뜬히 해냅니다.

믿음의 은사를 가진 사람은 지하 단칸방에 살다가도 새 집으로 이사 가겠다고 움직이기 시작합니다. 얼마 안가 그는 50평의 넓은 집을 얻게 되기도 합니다. 돈이 없는데도 불구하고 믿음으로 일을 시작하니까 하나님께서 믿음을 통해 그런 집을 얻거나 사게 하시는 것입니다. 돈이 없지만 믿음의 은사로 수십 층의 높은 빌딩을 짓기도 하고 수십만 평의 넓은 땅을 사기도 합니다.

믿음의 은사가 병 고치는 은사와 함께 역사하는 경우도 있습니다. 바울은 루스드라에 앉은 앉은뱅이를 보고 그에게 믿음이 있는 것을 보고 "네 발로 일어나 걸으라"고 했습니다.(행 14:8)

바울에게도 믿음의 은사가 있었고 그 말씀을 들은 병자에게도 하나님께서 믿음을 선물로 주셨던 것입니다. 그리고 성령님께서 역사하실 때 순간적으로 그 병자를 고칠 수 있게 되었습니다.

당신이 무엇이든지 기도하고 구하는 것은 받았다고 믿을 때 믿음의 은사가 역사하게 됩니다. 이러한 아홉 가지 은사가 당신 안에 실제로 들어와 있습니다. 그것을 깨닫고 인정하면 나타나기 시작합니다. 가장 중요한 것은 당신 안에 성령님이 가득히 계시고 이런 은사들이 들어와 있다는 것을 인정하는 것입니다.

은사를 사모하고 믿음으로 행할 때 그 은사가 실제로 나타나게 됩니다. 수많은 사람들이 은사가 있음도 모르고 있기 때문에 그것을 누리지 못하므로 하나님의 영적인 일을 하는데 온갖 인간적인 수단과 방법, 노력과 잔꾀를 동원하고 있는 것입니다.

하나님께서 우리에게 구원 얻는 믿음 곧 '태산 같은 믿음'을 선물로 주셨습니다. 그에 비해 산을 들어 바다에 던지고 뽕나무 뿌리를 뽑는 것은 '겨자씨 만한 믿음'으로도 가능하다고 했습니다.

그러므로 예수 그리스도를 주라 시인하는 사람들은 이미 믿음의 은사를 받은 것입니다. 당신은 믿음의 은사를 받았습니다.

믿음의 은사가 있다는 것을 모르면 자꾸 불안해하고 새로운 일을 시도하는 것을 두려워하게 됩니다. 믿음의 은사가 있다는 사실을 아는 사람은 그 어떤 것도 두려워하지 않습니다. 그는 물위를 첨벙첨벙 걸은 베드로처럼 모든 일을 믿음으로 담대히 행하고 평소에도 자신감이 넘치는 생활을 합니다. 나도 믿음의 은사를 가졌기 때문에 내 가슴이 강철판처럼 탄탄함을 느낍니다.

내게도 "아, 힘들어. 큰일 났어. 어떻게 하면 좋을까?" 하고 순간적으로 불안이 밀려올 때가 있지만 그러한 두려움이 들어오자마자 내게 있는 믿음의 은사가 반응을 합니다. 믿음의 은사가 불일 듯이 일어나면 모든 두려움은 티끌같이 작아집니다.

나는 믿음의 은사로 담대하게 큰일을 추진합니다.

당신도 믿음의 은사를 사모하십시오.

병 고치는 은사를 사모하라

병을 고치는 은사가 있습니다.

놀랍게도 이 은사를 가진 사람은 손만 얹으면 병자가 낫습니다. 그런데 한 번 안수해서 낫는 경우가 있고 두세 번 안수해서 낫는 경우도 있습니다. 병 고치는 은사가 있는 사람은 자기에게 병 고치는 은사가 있다는 사실을 알고 있기 때문에 포기하지 않고 반복해서 병자에게 안수하는 것입니다.

"한번 안수하면 완전히 나아야 하는 것 아닌가요?"

그렇습니다. 하지만 매번 그렇지는 않습니다. 신유의 은사를 가진 사람의 집회에 가보면 한번 안수해서 모든 병자가 낫는 것이 아님을 알게 됩니다. 많은 경우 두세 번, 그 이상도 안수합니다.

"신유의 은사를 가졌으면 한번만 손을 얹어도 다 나아야 하는 것이 아닌가요?"라며 집회 장소를 떠나는 사람이 거의 없습니다.

왜 그 자리에 계속 사람들이 모이고 어떤 이는 6개월 동안 매일 안수를 받습니까? 6개월 만에 낫는 사람도 있고, 3개월 만에 낫는 사람도 있고, 일주일 만에 낫는 사람도 있기 때문입니다.

어떤 이는 한번 만에 낫습니다. 어떤 이는 아직 안수를 받지도 않았고 처음으로 문 입구에 들어서는데 낫기도 합니다.

하나님이 하시는 일은 참으로 신기합니다.

당신도 병 고치는 은사를 사모하십시오.

당신이 자녀를 키울 때 병 고치는 은사가 있으면 잔병이나 불치의 병이 안수 한번으로 금방 낫습니다. 나에게도 병을 고치는 은사가 있습니다. 그래서 나 자신도 병 고치는 은사로 안수해서 병 고침을 받았고, 병 고치는 은사를 통해 아이들이 아플 때 고쳤습니다.

한번 만에 안 되면 될 때까지 다시 안수하십시오. 그래도 괜찮습니다. 예수님도 한 소경에게 두 번 안수하셨습니다.

"보이느냐?"

"흐리게 보입니다. 나무 같은 것이 보입니다."

그러자 예수님은 한 번 더 안수하셨습니다.

"보이느냐?"

"예, 사람들이 선명히 보입니다."

예수님도 필요에 따라 두 번 안수하셨던 것입니다.

거라사 광인을 보았을 때 예수님께서 "가라"고 명하셨습니다.

그런데도 귀신이 즉시 쫓겨 나가지 않았고 정체만 드러냈습니다. 오히려 큰 소리로 고함치며 난동을 부렸습니다.

"왜 우리를 괴롭힙니까?"

"네 이름이 무엇이냐?"

"군대입니다."

그러자 예수님은 "가라" 하며 한 번 더 꾸짖었습니다.

두 번째 꾸짖었을 때 그 군대 귀신이 쫓겨 나갔습니다.

한번 꾸짖었을 때는 정체를 드러내며 발작만 했습니다.

내가 서울에서 부흥회를 인도할 때 귀신들린 한 사람을 보고 "가라"고 명했는데 그가 데굴데굴 뒹굴면서 고함을 쳤습니다.

"안 간다, 안가!"

그는 더 크게 소리를 내며 발버둥을 치고 눈을 질끈 감고 머리를 흔들었습니다. 내가 다시 그를 일으켜 세우고는 "귀신아, 나가라!"고 명하자 그 자리에 넘어지면서 귀신이 쫓겨 나갔습니다.

증상을 보면서 귀신이 나갈까? 안 나갈까? 병이 고침을 받을까? 안 받을까? 할 것이 아니라 "이미 병 나았음"이라고 믿고 안수하고 "이미 귀신 나갔음"이라고 믿고 귀신을 쫓아내야 합니다.

이것이 믿음입니다. 믿음은 과거형이며 현재 완료형입니다. 기도하고 구한 것은 이미 받았다고 믿고 행하는 것입니다.

예수님도 두 번씩 안수할 때가 있었다는 것을 알면 얼마나 위로가 되는지 모릅니다. 예수님도 겟세마네 동산에서 기도하실 때 세 번을 구하셨습니다. 무엇이든 세 번 정도는 반복해서 시도해 보십시오. 그러면 응답이 오고 역사가 일어날 것입니다.

병 고치는 은사가 있다고 해서 병원이나 약국에 가지 말아야 하는 것은 아닙니다. 병을 고치는데 있어 자연 은총을 사용하는 것도 필요합니다. 하나님이 병으로 고통당하는 인류에게 의학을 선물로 주셨습니다. 그러므로 수술하거나 약을 먹어도 됩니다.

바울은 디모데에게 "네가 자주 나는 비위를 인하여 포도주를 조금씩 사용하라"고 했습니다. 안수해도 안 되면 그보다 하찮은 것이므로 약을 조금 사용하라는 것입니다. 모든 병을 고치는 분은 하나님이십니다. 그분은 다양한 방법으로 병을 고치십니다.

병을 고치는 것은 하나님의 절대적인 뜻입니다.

그러므로 병 낫기를 위해 기도하십시오.

능력 행함의 은사를 사모하라

어떤 이에게는 '능력 행함의 은사'를 주셨다고 했습니다.

능력 행함은 귀신을 쫓아내는 능력을 말합니다. 때로는 안수할 때 사람들이 성령의 권능 아래 넘어지기도 하는데 왜 그럴까요? 나도 모르지만 하나님의 능력이 나타나면 그런 일이 일어납니다.

한번은 김해에서 어린이 연합 수련회를 하는데 주 강사로 초청되어 갔습니다. 500여명의 아이들과 50명 정도의 교사들이 참석했는데, 나는 강력하게 말씀을 전한 후에 성령을 체험하기를 원하는 사람은 모두 앞으로 나와서 안수를 받으라고 했습니다.

아이들과 교사들이 안수를 받으며 성령을 체험하기 시작했는데, 한 교사가 온몸을 부들부들 떨면서 뒤로 넘어졌습니다. 쓰러진 상태에서 계속 몸에 진동이 오고 입에서는 방언이 터져 나왔습니다. 그 장면을 본 아이들이 그 교사 주변에 둘러서서 신기한 듯 지켜보았습니다. 다들 너무 놀라 큰 충격을 받은 것 같았습니다.

한 아이가 내게 와서 물었습니다.

"목사님, 어떻게 된 거에요? 왜 선생님이 넘어졌어요?"

"나도 잘 몰라. 하나님의 손이 닿으면 넘어질 수도 있는 거야. 내가 손을 얹기는 했지만 내가 아니라 예수님이 만지신 거야. 하나님이 만지시면 넘어지기도 하고 넘어진 자가 일어나기도 해. 하나님이 만지시면 목동이 왕이 되기도 하고, 감옥에 있는 사람이 국무총리가 되기도 하고, 노숙자가 억만장자가 되기도 해. 하나님이 만지시니 아담이 깊이 잠들기도 했지 않니? 하나님이 그분의 손으로 우리를 만지시면 여러 가지 일들이 일어난단다."

"아, 알았어요."

아이들이 이해가 된다며 고개를 끄덕였습니다.

당신이 손을 내밀 때 주님께서 큰 능력으로 역사하십니다.

그래서 "내게 성령의 능력이 있어"라고 믿고 믿음으로 안수하는 것이지, 넘어뜨리기 위해서 안수하는 것은 아닙니다.

단지 단순한 믿음, 곧 어린 아이처럼 단순한 믿음으로 안수할 뿐인데 하나님의 능력이 압도적으로 나타나게 되는 것입니다.

귀신을 쫓아내는 것도 마찬가지입니다. 단순한 믿음으로 "귀신아, 나가라" 하면 떠나갑니다. '왜 안 나갈까? 어떻게 하면 될까?'라고 머리 굴리지 말고 단순하게 귀신을 쫓아내야 합니다.

당신도 능력 행함의 은사를 사모하십시오.

예언의 은사를 사모하라

"그리고 어떤 이에게는 예언함을……."

예언의 은사란 어떤 것일까요?

"앞으로 이런 일이 일어날 것이다."

"큰 풍년과 기근이 있을 것이다."

"사업이 잘 될 것이다."

이런 것은 부분적으로 예언하는 것입니다.

예수님이 오셔서 "다 이루었다"(요 19:30)고 말씀하신 순간 완전한 예언으로 선포되어졌습니다. 예수님은 "나을 것이다"라고 소망의 예언을 하지 않고 "나았다"고 믿음의 예언을 하셨습니다.

예언의 은사와 지식의 말씀의 은사, 지혜의 말씀의 은사가 함께 역사하는 경우도 많습니다. 나는 강단에서 예언의 은사를 통해 말씀을 선포합니다. 개인적인 내용을 이야기했는데 그것이 그 사람에게 이루어지는 경우도 많습니다. 예언의 은사를 통해 사람들의 마음속에 있는 것과 앞으로 일어날 일도 알게 됩니다.

나도 모르게 한 마디 던진 것이 예언처럼 역사해서 사람들의 내면 깊은 곳에 있는 것이 드러나기도 하고 과거나 장래의 일이 드러나기도 합니다. 그러면 그들은 크게 놀라게 됩니다. "어떻게 그것을 아셨나요? 무슨 이유로 그 말씀을 하셨나요?"라면서 충격을 받기도 하는데, 시간이 지나면 그대로 이루어지기 때문입니다.

예언한다고 해서 함부로 사람을 저주하면 안 됩니다.

우리는 더 이상 사람들을 저주하는 자가 아닙니다.

저주는 예수님이 십자가에서 다 받으셨기 때문에, 성령의 나타남으로 예언할 때 사람들을 저주하지 말고 축복해야 합니다.

"그리스도께서 우리를 위하여 저주를 받은 바 되사 율법의 저주에서 우리를 속량하셨으니 기록된 바 나무에 달린 자마다 저주 아래에 있는 자라 하였음이라."(갈 3:13)

율법의 행위를 내세우며 하나님의 은사를 돈 주고 사려는 사람들에게 그로 하여금 돌이키게 하기 위해 꾸짖을 수는 있습니다.

그 외에 예언할 때는 예수님이 십자가에서 다 이루었으므로 그리스도 안에서 복을 받아 누리도록 예언해 주어야 합니다.

"당신은 의인이다. 성령 충만하다. 건강하다. 부요하다. 지혜롭다. 꿈꾸는 것마다 이루어지고 기도한 것이 모두 응답받았다."

이런 내용들이 그리스도 안에서 하는 예언입니다.

방언을 하는 것은 자기의 덕을 세우지만 예언을 하는 것은 교회의 덕을 세웁니다. 그러므로 둘 다 필요합니다.

특별히 예언의 은사를 사모하기 바랍니다.

영들 분별하는 은사를 사모하라

"어떤 이에게는 영들 분별함을……."

하나님께서는 나에게 영분별의 은사를 주셨습니다.

어떤 사람과 사건을 보면 영들이 예리하게 분별됩니다.

'아, 저것은 성령의 역사구나. 저것은 귀신의 역사구나.'

각 사람에게 역사하는 영들을 분별해야 속지 않습니다.

영들 분별함의 은사를 받은 사람은 다른 사람의 신앙 행위를 보면 그것이 율법주의 행위인지, 복음 안에서 순수한 마음으로 행하며 주님을 섬기는 것인지, 정확하게 분별할 수 있습니다. 영분별의 은사가 없는 사람은 악한 영에게 속고 끌려 다닙니다.

교회의 지도자는 이 은사로 영들을 분별해야 합니다.

우리는 성령의 기름 부음을 받고 진리의 영과 거짓 영을 분별합니다. 진리가 무엇입니까? 예수님입니다. 예수님은 하나님의 아들이고 죽은 지 사흘 만에 부활하셨고 우리의 구세주입니다.

예수님이 육체로 오신 것을 부인하는 자는 다 거짓 영입니다.

"사랑하는 자들아, 영을 다 믿지 말고 오직 영들이 하나님께 속하였
나니 시험하라. 많은 거짓 선지자가 세상에 나왔음이니라. 하나님의
영은 이것으로 알찌니 곧 예수 그리스도께서 육체로 오신 것을 시인하
는 영마다 하나님께 속한 것이요. 예수를 시인하지 아니하는 영마다
하나님께 속한 것이 아니니 이것이 곧 적그리스도의 영이니라."(요일
4:1~3)

각종 방언 말함의 은사를 사모하라

"다른 이에게는 각종 방언 말함을……."
방언은 한 가지만 있는 것이 아니라 각종 방언들이 있습니다.
많은 성도들이 방언을 거부하기도 합니다. 반이성적이기 때문
입니다. 사람들은 이성적인 것을 좋아합니다. 자기가 생각할 때
이성적으로나 경험적으로 학문적으로 옳다고 생각하는 것만 받아
들이려는 경향이 있기 때문에 자기와 좀 다른 것은 일단 거부하고
보는 것입니다. 방언은 특별히 영적인 언어이기 때문에 지성이
거부합니다. 당신이 방언으로 기도하면 지성은 가만히 있습니다.
방언 기도를 하는 동안에 다른 생각을 하기도 하고 눈을 뜨고
책을 읽을 수도 있습니다. 그것을 나쁘다고 생각하지 말고 오히
려 좋다고 생각해야 합니다. 한번에 두 가지를 할 수 있기 때문입

니다. 나는 방언을 하면서 성경을 읽기도 합니다. 때론 샤워하거나 청소할 때, 산책하고 운전할 때 방언을 말하기도 합니다.

방언을 말하는 자는 영으로 하나님께 비밀을 말하므로 알아듣는 자가 없습니다. 알아듣는 자가 없으니 얼마나 좋습니까? 방언은 하나님께서 우리 영혼의 유익을 위해 주신 것이므로 많이 말하면 엄청난 유익이 있습니다. "내가 너희 모든 사람보다 방언을 더 말하므로 하나님께 감사하노라"(고전 14:18)고 말한 사도 바울처럼 나도 다른 사람들보다 방언을 많이 말하는 편입니다. 그래서 하나님께 감사합니다. 하나님은 '각종 방언 말함'을 주셨습니다.

"랄라라 셀라드리 셀라드리."

각종 방언 말함을 사모하십시오. 받은 방언을 많이 말하십시오. 방언을 통해 내 영과 하나님의 영이 비밀을 나누게 되고 이로 인해 내 영혼이 아주 강해지게 됩니다. 영이 강해지면 영이 마음과 육신을 다스리게 되므로 두려운 마음이 사라지게 됩니다.

마음과 육신보다 영이 더 강한 사람이 되십시오.

방언 통역의 은사도 사모하라

방언 통역의 은사도 사모하십시오.

"그리고 어떤 이에게는 방언들 통역함을 주시나니……."

이 은사를 받은 사람은 자기나 다른 사람이 방언을 하면 그 말의 일부 또는 전체 내용을 이해하게 됩니다. 그렇다고 모든 방언을 통역하는 것은 아닙니다. 방언을 주시는 기본적인 목적은 알아듣지 못하는 비밀스런 말로 하나님께 기도하기 위함이기 때문입니다. 나도 타인도 모르는 것이 큰 유익이 됩니다. "방언을 말하는 자는 사람에게 하지 아니하고 하나님께 하나니 이는 알아듣는 자가 없고 그 영으로 비밀을 말함이니라."(고전 14:2)

내가 영으로 기도하는 것을 내 마음이 다 알면 과연 좋을까요?

그렇지 않습니다. 만약 그렇다면 마음 곧 이성이 영으로 기도하는 것을 조목조목 다 따지며 방해할 것입니다.

'이건 이성적으로 맞지 않는 내용이야. 말도 안 돼.'

이성적으로 모두 따지기 시작하면 성경 창세기부터 요한계시록까지 나오는 초자연적인 사건이 모두 걸립니다. 그러므로 이성이 모르는 영의 기도를 해야 합니다. 하나님과 당신과의 영적인 관계에 있어서 이성이 끼어들지 말아야 할 부분이 많습니다.

이처럼 방언은 하나님께 하는 기도의 언어이지만, 만약 방언 통역을 하게 되면 그 내용은 예언과 권면과 안위의 말로 사람들에게 주어집니다. 방언 통역은 당신이 하나님께 말하는 일만 마디 방언 중에 다섯 마디 정도만 주어집니다. 왜일까요? 당신의 이성으로 받아들일 수 있는 분량이 그 정도 밖에 안 되기 때문입니다.

그래서 "첫째, 둘째, 셋째"까지는 쉬운데 "넷째" 하면 벌써 "첫째가 뭐였더라?" 하며 어려워집니다. 하나님은 일만 가지를 주기를 원하시지만 사람이 이성으로 받아들일 수 있는 것은 다섯 마디 정도 밖에 안 되고 그 다섯 마디가 방언의 내용 전부가 아닙니다.

하나님께 일만 마디 영으로 하는 기도를 즐기십시오.

깨달은 마음으로 다섯 마디 하는 것 가지고 일만 마디 방언을 다 판단하려고 하지 마십시오. 하나님께는 일만 마디, 사람에게는 다섯 마디, 이렇게 둘 다 인정하고 받아들이면 됩니다.

"이 모든 일은 같은 한 성령이 행하사 그 뜻대로 각 사람에게 나눠 주신다"고 했습니다. 몸은 하나인데 많은 지체가 있습니다. 몸의 지체가 많은데 한 몸인 것과 같이 그리스도도 그러합니다.

다 한 성령으로 세례를 받아 한 몸이 되었으며, 한 성령을 마시게 되었습니다. 그리고 하나님께서 그 원하시는 대로 지체를 각각 그 몸에 두셨는데 만일 한 지체뿐이면 몸은 어디 있겠습니까?

지체는 많지만 몸은 하나입니다. 지체는 각각입니다.

그러나 몸은 그리스도의 몸 하나입니다. 눈이 손더러 말하기를 "내가 너를 쓸 데 없다" 하거나 또는 머리가 발더러 "내가 너를 쓸 데 없다" 하거나 하지 못합니다. 성령님이 교회의 유익을 위해 나타남을 주시는 이 모든 은사들은 예외 없이 다 중요합니다. 그러므로 성령의 은사 곧 나타남을 사모하고 구하십시오.

안수 받으면 성령의 은사가 불일 듯 일어난다

당신은 직임의 은사를 사모합니까?

나는 직임의 은사를 사모하고 구했고 받았습니다.

고린도전서 12장 27절에 "너희는 그리스도의 몸이요 지체의 한 부분이라"고 했습니다. 교회 공동체에는 질서와 서열이 있습니다.

하나님은 어지러움의 하나님이 아닌 질서의 하나님이기 때문에 교회 안에서 하나님이 세우신 질서를 존중하고 지켜야 합니다.

하나님이 교회 중에 몇을 세우셨는데 사도와 선지자와 복음 전도자와 목사와 교사이며 이것은 직임의 은사입니다.(엡 4:11)

성경이 완성된 후로는 새로운 성경을 추가로 기록하기 위한 사역과 직분, 은사는 모두 중단되었습니다. 하지만 이미 기록된 성경을 통해 복음을 전파하는 사역은 계속 되고 있습니다.

그러므로 오늘날의 '사선복목교'의 오중 직임은 성경 기록이 아닌 복음 전파를 위한 은사라고 할 수 있습니다.

사도는 복음을 깨닫고 정립하는 알리는 일을 하며, 선지자는 복음을 믿다가 타락한 사람들을 향해 회개하고 처음 믿음을 다시 갖도록 돕고, 복음 전도자는 복음을 믿지 않는 불신자들을 향해 단순한 복음을 선포하며, 목사는 복음으로 성경 말씀 전체를 해석하고 양 무리에게 먹이는 일을 하며, 교사는 복음을 자세히 풀어 설명하며 가르치는 일을 하므로 교회를 세웁니다.

그 중에 첫째는 '사도'인데, 사도는 복음의 진리를 정립하여 알리며, 새로운 교회를 세워 나가고, 신령한 은사를 나누어 주며, 교회들을 견고케 하는 일을 합니다. 사도 바울이 그랬습니다.

"내가 너희를 보기를 심히 원하는 것은 무슨 신령한 은사를 너희에게 나눠 주어 너희를 견고케 하려함이니⋯⋯."(롬 1:11)

또한 사도는 성도들에게 안수함으로 잠자고 있는 성령의 은사를 불일 듯이 일으키기도 합니다. "그러므로 내가 나의 안수함으로 네 속에 있는 하나님의 은사를 다시 불일 듯 하게 하기 위하여

너로 생각하게 하노니……."(딤후 1:6)

예수를 구주로 믿는 사람은 성령님이 그 안에 가득히 계시고, 성령님은 이미 아홉 가지 은사를 다 가지고 들어와 계십니다. 하지만 사도들이 믿음으로 안수할 때 그 은사들이 불일 듯 일어나고 눈에 보일 정도로 강력하게 나타나게 됩니다.

어떤 성도는 디모데처럼 믿음이 약하고 불안해하고 사람을 의식하기 때문에 담대하게 자기에게 주어진 은사를 마음껏 나타내지 못하기도 합니다. 그런 디모데에게 사도 바울이 안수하자 복음 전도자의 은사가 강하게 나타났습니다. 그리고 바울은 그에게 받은 은사를 사용하여 "전도인의 일을 하라"고 했습니다.

사도 바울이 안수하므로 디모데에게 있는 은사들이 강력하게 일어나게 된 것입니다. 이처럼 잠자고 있는 사람을 깨우고 누워 있는 사람들의 손을 잡고 일으키는 일을 하는 것이 사도들의 역할입니다. 사도적인 사람을 만나면 당신의 믿음이 일어납니다.

빌립 집사가 사마리아 성에서 집회를 열어 수많은 사람들이 예수를 구주로 믿었습니다. 그때, 예루살렘 교회에서는 사도인 베드로와 요한을 파송하므로 그들에게 성령의 은사를 나누어 주었습니다. 그러므로 각 교회는 사도적인 사역을 하는 주의 종을 초청하여 부흥 집회와 은사가 나타나기 위한 안수를 하는 것이 꼭 필요합니다. 수십 년간 자기 힘으로만 사역하면 열매가 없습니다. 마음과 몸은 매일 탈진 상태에 들어갑니다. 하지만 성령의 은사를 통해 일하면 모든 일을 쉽게 해 나갈 수 있습니다.

사도들은 복음을 정확하게 깨닫고 이해하고 정립하여 교회마다 다니며 힘 있게 선포하는 일을 합니다. 사도들이 깨달은 복음의 가르침을 '사도의 가르침'이라고 합니다. 초대교회는 사도의 가르침을 받아 서로 교제했습니다.(행 2:42)

역사적으로 예수님을 직접 만나고 그분으로부터 직접 부름 받고 직접 보냄을 받은 사도는 오직 열두 명이었습니다. 그 중 하나인 가룟 유다는 예수님을 배반하고 자살했습니다. 그 후 제비를 뽑아 맛디아가 새로운 사도로 뽑혔습니다. 그 당시에 사도는 열두 명만 있는 것이 아니라 열세 번째 사도인 바울도 있었습니다.

어떤 사람은 이런 말을 합니다. "성격이 급한 베드로가 성령님을 의지하지 않고 괜히 서둘러 제비뽑기를 해서 큰 실수를 한 거야. 원래 열두 번째 사도는 바울인데 맛디아를 잘못 뽑은 거야?"

그렇지 않습니다. 그들이 두 사람을 추천하고 제비를 뽑았을 때 하나님께서 그것을 인정하셨습니다. 그들과 달리 바울은 이방인의 사도로 선택받았으며 그 외에도 몇 명의 사도가 성경에 더 나옵니다. 그러므로 당시에 사도는 열두 명만 있는 것이 아니라 훨씬 더 많이 있었습니다. 바나바도 사도였습니다.

"두 사도 바나바와 바울이……."(행 14:14)

하나님께서 모태에서 바울을 불러 이방인의 사도로 세우시고 그를 통해 교회를 세우는 일을 행하셨습니다.

열두 사도 외에도 성경에 나오는 사도는 아볼로, 바나바, 에바브로디도, 안드로니고, 예수님의 동생 야고보, 유니아, 바울, 맛디아, 디모데 등이었습니다.

사도는 선지자와 복음 전도자와 목사와 교사 등과 함께 성령의 나타남을 통해 교회를 세우기 위해 주신 영적인 은사입니다.

바울은 자신이 사도의 표된 것을 교회 가운데서 모든 참음과 표적과 기사와 능력을 행한 것이라고 했습니다.

"사도의 표된 것은 내가 너희 가운데서 모든 참음과 표적과 기사와 능력을 행한 것이라."(고후 12:12)

하나님이 교회에 주신 사도의 은사를 인정하고 존중하십시오.

선지자와 교사의 은사를 사모하라

"둘째는 선지자요."

선지자는 예언을 하는 사람입니다. 그들은 한 나라의 흥망성쇠를 예언하기도 했지만, 그들이 한 가장 큰일은 "이스라엘아, 돌이키라"고 외치며 하나님의 은혜의 복음에서 떨어진 자, 곧 처음 믿음과 처음 사랑에서 떨어진 자들을 돌이키는 일이었습니다.

셋째는 교사입니다.

교사는 가르치는 일을 합니다. 안디옥 교회에 선지자들과 교사들이 있었는데 그 중에 사울 곧 바울도 포함되어 있었습니다.

"안디옥 교회에 선지자들과 교사들이 있으니 곧 바나바와 니게르라 하는 시므온과 구레네 사람 루기오와 분봉왕 헤롯의 젖동생 마나엔과 및 사울이라."(행 13:1)

교사가 사도가 아닌 경우가 있고, 선지자도 사도가 아닌 경우가 있습니다. 그러나 어떤 사도는 선지자와 교사의 은사를 모두 받아 필요에 따라 적절한 역할을 하기도 합니다.

성경은 "더 큰 은사를 사모하라"고 했습니다.

바울은 자기 자신을 세 가지로 표현했습니다. "내가 이 복음을 위하여 반포자와 사도와 교사로 세움을 입었노라."(딤후 1: 11)

선지자는 예언을 해줍니다. "이미 그렇게 되었습니다" 또는 "앞으로 그렇게 될 것입니다"라고 말해 줍니다. 그리고 하나님의 말씀을 예리하게 선포해서 타락한 백성들의 마음을 돌이킵니다. 교사는 복음을 설명하여 가르치는 일을 합니다. 반포자란 복음을 선포하는 '복음 전도자'를 말합니다. 그리고 사도는 복음을 정립하는 사람, 교사는 복음을 가르치는 사람을 말하는데 바울은 이 세 가지 은사를 함께 받아 사용하고 있었습니다.

모든 은사는 복음을 위해 존재합니다.

"내가 이 복음을 위하여…… 세움을 입었노라."(딤후 1: 11)

다스리는 은사를 사모하라

다스리는 것도 은사입니다.

어떤 사람은 손 하나 까닥하지 않는데 다스리는 은사가 있어 "이렇게 하세요"라며 주위 사람들에게 잘 지시하는 것을 볼 수 있습니다. 양을 치는 목사에게는 다스리는 은사가 있어야 합니다. 그래야 수많은 양떼를 먹이고 모으고 이끌고 지킬 수 있습니다.

다스리는 은사를 가진 사람에게 "당신은 왜 손가락 하나 까닥하지 않나요? 왜 쓰레기통을 비우지 않나요?"라고 말하면 안 됩니다. 왜냐하면 다스리는 일이 그의 주된 일이기 때문입니다.

베드로는 성전 미문에 앉은 앉은뱅이를 보고 "은과 금은 내게 없거니와 내게 있는 것으로 네게 주노니 일어나 걸으라"고 했습니다. 그는 자신에게 '긍휼을 베푸는 은사'가 없다는 것을 알았고 '믿음의 은사'와 '신유의 은사'가 있다는 것을 알았습니다. 그리고 없는 것에 대해서는 당당하게 없다고 했으며, 있는 것으로 사역해서 큰 열매를 거두었습니다. 당신도 없는 것 때문에 힘들어하지 말고 있는 것으로 충성하십시오. 당신만의 길을 가십시오.

모든 사람이 모든 일을 다 해야만 하는 것이 아닙니다.

사람마다 자기에게 맞고 어울리는 옷이 있듯이 은사도 그렇습니다. 봉사의 은사를 가진 사람은 봉사하는 일이 자연스럽게 느껴지고 다스리는 은사를 가진 사람은 다스리는 일이 자연스럽게 느껴집니다. 서로 비교하지 말고 각자 자기 일을 해야 합니다.

서로 돕는 은사, 구제하는 은사, 긍휼히 여기는 은사가 각각 다릅니다. 그들은 각각 자기의 일을 하는 것을 좋아하며 그것을 즐기기까지 합니다. 그들은 남들이 볼 때 지나칠 정도로, 그리고 지속적으로 꾸준히 그 일을 쉽게 해 나갑니다.

물론 그런 은사와 상관없이 주님이 "너 지금 그 휴지 주워야 하지 않겠니?" 하시면 당연히 주워야 합니다. 성령님께 순종하며 섬기고 돕고 봉사해야 합니다. 그러나 전문적으로 그런 일을 하는 것을 좋아하는 사람이 있는데 그는 그 은사를 받은 것입니다.

"방언만 은사가 아닌가요?"

그렇지 않습니다. 다스리는 것도 은사라고 했습니다.

그런데 은사인지 모르니 주위 사람들이 자꾸 핀잔을 줍니다.

"당신은 왜 말로만 다 하려고 하는 거예요?"

말하는 사람이 있어야 다스림을 받는 사람들이 정확하게 일을 처리하게 되는 것입니다. 경기에서 코치의 역할이 중요합니다.

다스리는 사람은 부지런해야 합니다.

나의 아버지 같은 경우는 다스리는 은사가 있습니다.

현장에 나가면 모든 사람을 다스립니다. 다스리는 일을 하기 때문에 항상 다른 사람보다 먼저 출근합니다. 7시까지 출근하기로 했다면 아버지는 6시에 미리 도착해 있습니다. 먼저 가서 모든 것을 살핀 후에 지시할 것을 머리에 숙지하고 일하는 사람들이 오면 그들에게 구체적으로 하나씩 지시를 내립니다. 그렇게 지시를 내리지 않으면 사람들이 제대로 움직이지 않습니다. 뭘 어떻게 해야 할지 몰라 서성거리며 시간을 보내는 사람들이 많습니다.

다스리는 자의 지시를 받아야만 자신이 무엇을 해야 할지 알고 움직이는 사람들, 그들은 다스림을 받아야만 일하기 시작합니다. 그들을 위해 하나님은 교회에 다스리는 은사를 주셨습니다.

다스리는 자는 부지런함으로 해야 합니다. 먼저 출근하고 먼저 계획을 세우고 지시해야 합니다. 그래야 사람들이 움직입니다. 지시를 내리지 않으면 사람들이 움직이지 않습니다. 그들이 열정이 부족해서 움직이지 않는 것이 아닙니다. 단지 구체적인 지시를 받지 않았기 때문에 가만히 있는 것뿐입니다. 이는 성령님이 당신에게 어떤 것을 하라고 지시하지 않았을 때 당신이 무엇을 해야 할지 모르는 것과 같습니다. 단순한 원리입니다.

그러므로 다스리는 은사를 가진 사람은 지시를 해야 합니다.

다스리는 사람 곧 지시하는 사람이 없으면 전부 앉아 놉니다.

다스리는 은사를 사모하고 구하십시오.

현실에 안주하지 말고 더 큰 은사를 사모하라

당신은 은사에 있어 현실 안주하고 있지 않습니까?

더 큰 은사를 사모하고 구하고 받아서 더 큰 일을 하십시오.

"더 큰 은사를 사모하라"는 말씀은 당신에게 없는 은사를 사모하라는 말입니다. 방언의 은사를 못 받은 사람은 그 은사가 커 보입니다. 자기에게 지혜의 말씀의 은사와 병 고치는 은사가 있어도 방언의 은사를 받은 사람을 보면 괜히 기죽고 그 은사가 크게 여겨집니다. 주님은 "네가 그 은사를 크게 생각하느냐? 그 은사를 사모하라"고 하십니다. "그 다음은 각종 방언하는 것이라"고 했습니다. 방언도 사모하지 않으면 하나님이 주시지 않습니다.

사모하지 않은 사람에게 뭔가를 주면 그때부터 원망합니다.

모든 사람이 똑같이 한 가지 은사만 행하는 것이 아닙니다. 각각 다른 은사를 받아 사용하고 있습니다. "다 사도겠느냐? 다 교사겠느냐? 다 선지자겠느냐? 다 능력을 행하는 자겠느냐? 다 병 고치는 은사를 가진 자겠느냐? 다 통역하는 자겠느냐?"

하나님은 "더 큰 은사를 사모하라"고 하셨습니다.

로마서 1장 7절에도 "너희가 모든 은사에 부족함이 없기를 바란다"고 했습니다. 그러니 하나님은 교회 가운데도 모든 은사를 다 나타내기를 원하고 계시고, 각 사람에게도 모든 은사를 나타내셔서 그 사람을 통해 하나님의 모든 능력이 펼쳐지기를 원하신다는 것을 알고 더 큰 은사, 더 많은 은사를 사모해야 합니다.

　하나님은 성령의 은사를 통해 그분의 일을 하시고 교회를 세워 나가십니다. 그러므로 더 큰 은사가 더 많이 나타나 더 크게 더 많이 교회를 섬기기를 사모하십시오. 이렇게 기도하십시오.

　"나의 사랑하는 성령님, 성령님의 것이라면 모두 좋아하고 사모합니다. 저에게 더 많은 은사, 더 큰 은사를 나타내 주소서. 제가 하나님의 영광을 위해 더 많은 일, 더 큰 일을 하게 하소서. 모든 일을 내 힘과 지혜가 아닌 성령님의 힘과 지혜로 하게 하소서. 성령님, 많이 좋아하고 사랑합니다. 아주 많이요."

성령님은 우주의 대기업 회장님이다

당신은 대기업 회장님의 딸이다

당신은 자신을 누구라고 생각합니까?

나는 그리스도 안에서 나의 정체성을 발견했습니다.

하나님이 내 아버지이고 나는 그분의 소중한 자녀입니다.

어떤 사람이 나를 보고 "대기업 회장 딸 같다"고 말했습니다.

맞습니다. 나는 대기업 회장 딸입니다. 나의 아버지 대기업 회장님은 바로 하나님 아빠이십니다. 그분은 당신의 아빠이기도 합니다. 우리가 믿는 하나님 아버지는 대기업 회장님이십니다.

나는 내 속에 우주의 대기업 회장님이신 성령님이 천국을 가지고 들어와 계심을 확실히 압니다. 나의 가장 든든한 백은 우주 만물의 주인이신 하나님 아버지십니다. 나는 생각만 해도 하나님이 응답하시고 나의 소원을 이루어 주시고 나의 필요를 채워 주심을 날마다 경험하고 있습니다. 하나님은 정말 좋으신 분입니다.

나는 저주의 땅에서 뿌리가 뽑혀 그리스도의 생명수 강가에 심겨졌습니다. 그러므로 무엇을 하든 안하든 내 노력과 상관없이 나는 날마다 복을 받고 모든 일이 잘되고 있습니다. 나는 성령님의 인도하심을 따라 살고 있습니다. 나는 믿음을 통해 그리스도와 연결되어 풍성한 수액을 공급 받으며 시절을 좇아 과실을 많이 맺는 삶을 살고 있습니다. 당신은 어떻습니까? 당신 안에 생명이신 예수 그리스도가 실제로 살아 계심을 믿으십시오.

하나님은 나를 독생자처럼 사랑하십니다. 그분은 내가 그분과 일대일의 인격적인 관계를 맺고 그분만 사랑하기를 원하십니다.

하나님은 내가 그분 외에 다른 어떤 것도 더 사랑하는 것을 원치 않으십니다. 그분은 시기하기까지 내게 푹 빠져 나를 사랑하십니다. "너희는 하나님이 우리 속에 거하게 하신 성령이 시기하기까지 사모한다 하신 말씀을 헛된 줄로 생각하느냐?"(약 4:5)

당신도 성령님께 푹 빠지고 그분을 많이 사랑하십시오.

이 세상 만물은 하나님이 그분의 자녀에게 주시는 선물입니다. 그러므로 만물을 크게 여기지 말고 작게 여기십시오.

"만물이 다 너희 것임이라."(고전 3:21)

당신의 인생은 당신의 혀가 말한 대로 된다

당신은 기분에 따라 함부로 말하지 않습니까?

나는 기분에 따라 함부로 말하지 않고 내가 진정으로 원하는 것만 말합니다. 믿음은 바라는 것들의 실상이기 때문에 내가 바라는 것만 말합니다. 바라지 않는 것을 말하면 큰일 납니다.

왜냐고요? 바라지 않는 것을 말해도 그것이 내 인생에 다가오고 내가 말한 그대로 이루어지기 때문입니다. 당신의 혀가 조금 전에 무엇을 말했는지 살피고 주의하십시오. 당신의 혀에 파수꾼을 세우고 혀를 다스리십시오. 죄와 목마름, 병과 가난, 어리석음과 징계와 죽음에 대해 말하지 마십시오. 의와 성령 충만, 건강과 부요함, 지혜와 평화와 생명에 대해서만 말하십시오.

오직 성령 안에서 믿음과 소망과 사랑의 말만 하십시오.

수많은 사람들이 입이 있다고 말을 함부로 합니다.

하나님의 자녀의 입술에는 권세가 있습니다.

말하는 것이 그대로 다 이루어집니다.

당신이 평소에 어떤 말을 하느냐에 따라 당신의 인생이 결정됩니다. 부정적인 말을 하면 되던 일도 안 됩니다. 궁상떠는 말을 하면 계속 궁핍해집니다. 긍정의 말 믿음의 말, 부요의 말을 하면 어느 순간 당신이 믿음으로 말한 그대로 현실에 나타납니다.

그러므로 순간적인 현상을 보면서 부정적으로 표현하지 말고 이미 가졌다는 믿음으로 감사하는 습관을 가져야 합니다.

예전에 우리 가족이 지하에서 보증금 300에 월세 30만 원을 내며 살 때 나와 남편은 항상 "우리는 하나님의 자녀이므로 부요해. 억만장자야"라고 말했습니다. 그때 아이들이 초등학생이었습니다. 아이들은 엄마 아빠의 말을 그대로 믿었습니다.

어느 날, 나는 한 아이가 아빠한테 하는 말을 들었습니다.

"아빠는 서울에서 제일 부자지?"

"그럼."

아이는 부요한 아빠를 무척 자랑스러워했고 우린 그 아이가 사랑스러웠습니다. 그리고 시간이 지나자 우리가 말한 대로 하나씩 이루어졌습니다. 사실 부요는 돈에 있지 않고 마음에 있습니다.

내가 비록 지하 월세를 살았지만 우주 만물의 주인이신 억만장자 하나님이 내 아버지시니 그분의 자녀인 내가 부요한 것은 당연한 것입니다. 사실 돈이 많고 적고는 조금의 차이입니다

그러나 믿음의 차이는 너무나도 큽니다. 지금 당장 현실에서는 아무런 차이가 안 보여도 시간이 흐름에 따라 그 차이는 엄청나게 다르게 나타납니다. 십여 년이 지난 오늘 하나님은 우리가 믿음으로 말한 대로 다 이루어 주셨습니다. 부요하신 하나님의 자녀로서 부요한 삶을 살도록 우리의 모든 기도에 응답하셨습니다.

주위 사람들에게 뭔가 얻으려고 애쓰지 말아야 합니다. 사람에게 관심 받으려고 궁상떨듯 표현하면 안 됩니다. 궁상떤 그 믿음대로 인생이 만들어지기 때문입니다. 오직 하나님 앞에서 살아야 합니다. 하나님이 당신을 지키고 보호하심을 믿고 그분만 의지해야 합니다. 사람을 의지하지 마십시오. 사람을 의지하면 상처받습니다. 내 뜻대로 되지 않으면 섭섭한 마음이 듭니다. 하나님만 의지하고 신뢰하십시오. 그러면 하나님이 책임지십니다.

"백성들아, 시시로 그를 의지하고 그의 앞에 마음을 토하라. 하

나님은 우리의 피난처시로다."(시 62:8)

당신은 하나님이 보실 때 유일무이한 존재다

당신은 누구에게 속해 있습니까?

나는 그 누구도 아닌 오직 하나님께만 속해 있습니다.

그러므로 나는 그 누구의 눈치도 보지 않습니다. 예전에 나는 늘 남들을 위해 나 자신을 억누르고 남들보다 더 돋보일까 봐 두려워하고 주저한 적이 많았습니다. 혹시나 내가 자기보다 행복하다고 나를 시기하는 사람이 생기면 어떡하나 늘 초조했습니다.

그러다 보니 어느 순간 나 자신이 눌리고 숨이 막혀 답답해하는 모습을 발견했습니다. 성령님께서 '그러지 마라'고 하셨습니다. 그때부터 나는 생각을 바꾸고 그냥 나 자신을 있는 그대로 받아들이고, 내가 하고 싶은 데로 마음껏 하도록 내게 배려하고, 나자신을 좀 풀어놓아야겠다고 생각하게 되었습니다.

요한복음 11장 44절에 이런 말씀이 나옵니다.

"죽은 자가 수족을 베로 동인 채로 나오는데 그 얼굴은 수건에 싸였더라. 예수께서 이르시되 풀어 놓아 다니게 하라 하시니라."

주님께서 내게 말씀하셨습니다.

"너 자신을 풀어 놓아 다니게 하라."

나는 깜짝 놀랐습니다. 그날부터 나는 생각을 바꾸었습니다.

'좀 실수하면 어때? 좀 미움 받으면 어때? 좀 시기 질투 받으면 어때? 아무리 내가 조심하고 애써 나를 누르려고 해도 나를 미워하는 사람은 있기 마련이고 나를 시기하는 사람도 있기 마련이야. 나는 대기업 회장님이신 하나님의 딸이니까 그분의 음성만 듣고 살면 돼. 오늘부터 하나님만 기쁘시게 해 드릴 거야.'

그러자 내 마음에 자유가 왔습니다.

당신도 사람들에게 잘 보이려고 너무 애쓰지 않나요?

주위 사람들 눈치 보느라 주눅 들고 움츠러들어 숨 쉬기조차 힘들어지지 않았나요? 그런 피곤한 삶, 이제 그만 멈추세요.

이제는 그냥 하나님이 당신에게 주신 개성을 있는 그대로 존중하며 마음껏 행복하게 살아가세요. 남들 위주의 조심성 있는 행동이 아니라 당신이 하고 싶은 대로 하며 사세요. 그것이 진정으로 살아 있는 당신의 인생이고 하나님이 원하시는 행복입니다.

당신이 먼저 행복하고 부요해야 한다

당신은 하나님의 딸답게 당당하고 멋지게 살고 있습니까?

나는 지금 그렇게 살고 있지만 그러지 못한 적도 있었습니다.

"할 수 있는 대로 모든 사람과 화평하라"는 말씀이 내가 예수님 믿고 얼마 있지 않아 내 가슴에 와 닿은 말씀이었습니다. 이 말씀은 "원수지지 말고 화평하라"는 뜻인데 나는 모든 면에서 그들의 기준에 맞춰 주고 그들을 기쁘게 해야 하는 줄로 알았습니다.

난 이 말씀을 지키려고 무던 애를 썼습니다. 그러나 이 말씀은 나를 죽이고 억누르면서까지 그렇게 하라는 말은 아니었습니다.

나는 '좋은 사람 콤플렉스'에 빠져 있었습니다. 그러자 하나님이 내게 허락하신 행복하고 부요한 마음이 자꾸 사라져 갔습니다.

'아, 힘들어. 이제는 빠져나와 나 자신을 먼저 돌봐야겠다.'

그렇습니다. 사람이 온 천하를 얻고도 자기 목숨을 잃으면 무슨 소용이 있겠습니까? 하나님은 남들의 기준에 따라 살지 말고 '먼저 네 인생을 챙겨라'고 하셨습니다. 당신이 수천 명의 사람들을 만나 보십시오. 그들 모두 각각의 기준을 갖고 있습니다. 그들 모두를 기쁘게 하려다 보면 우울증에 걸리고 말 것입니다.

"이웃을 사랑하라고 했잖아요?"

맞습니다. 하지만 "이웃을 네 몸과 같이 사랑하라"고 하셨습니다. 주님께서는 "네 몸을 사랑하는 것이 먼저다. 그리고 이웃을 네 몸을 사랑하는 것처럼 사랑하라"고 말씀하셨습니다. 하나님을 가장 사랑하고 그 다음엔 자신을 챙기십시오. 그리고 자신을 챙기는 것처럼 이웃을 챙기십시오. 이것이 올바른 순서입니다.

사도 바울은 하나님을 기쁘시게 하라고 말했습니다. "오히려 우리는 하나님의 인정을 받아 기쁜 소식을 전하라고 부탁을 받은 사람으로서 말합니다. 우리는 사람을 기쁘게 하려 하지 않고 우리 마음을 살피시는 하나님을 기쁘게 하려고 합니다."(살전 2:4)

어떻게 하면 그런 삶을 살 수 있을까요?

먼저 자신에 대한 인식 바꾸어야 합니다. 나 자신을 있는 그대로 인정해야 합니다. 나를 따라 중얼거리며 말해 보십시오.

"나는 나 자신을 있는 그대로 인정한다."

사람들은 끊임없이 서로를 비교합니다. 타인에 대해서도 아무렇지 않게 말을 툭툭 내뱉으며 함부로 비교하고 비판합니다. 당신이 그들의 모임에 나가 그런 부정적인 말을 들으면 괜히 주눅들게 되고 자신을 비관하거나 조심스럽게 행동하게 됩니다.

많은 경우, 아무렇지도 않게 마구 말한 그 사람은 금방 잊어버립니다. 그들은 자신이 무슨 악한 말을 했는지 모릅니다. 그러나 들은 당신은 그 말이 가슴에 못처럼 박혀 큰 상처가 됩니다.

그럴 때 어떻게 하면 좋을까요?

계속 그 말을 마음에 품고 있으면 당신의 가슴이 응어리지고 썩고 멍이 들어 아프게 됩니다. 그러므로 그 말을 아무렇지도 않은 가치 없는 말로 여기며 흘려보내야 합니다.

그들이 그러든 말든 당신 자신은 존귀한 존재니까요!

당신 주위의 사람들은 자기 기준에서 자기 마음대로 표현한 것일 뿐입니다. 그들을 이해하고 용서하고 불쌍히 여기십시오. 그들이 그런 말을 했다고 해서 당신의 존재가 바뀌는 건 아닙니다. 하지만 그런 말을 듣고 상처 받아 마음에 미움이나 원망을 품고 있으면 당신의 마음이 상하고 뼈가 썩고 피가 마르게 됩니다.

당신에게 상처를 준 그 사람은 이미 그 상황을 잊고 잘 살고 있습니다. 그래서 예수님이 원수를 용서하고 사랑하라고 하신 말씀은 원수를 위한 것이 아닌 상처받은 당신을 위한 말씀입니다.

예수님이 당신에게 말씀하십니다. "서서 기도할 때에 아무에게나 혐의가 있거든 용서하라. 그리하여야 하늘에 계신 너희 아버지께서도 너희 허물을 사하여 주시리라."(막 11:25)

함부로 남을 비판하거나 판단하지 말라

당신은 남을 비판하기를 좋아하지 않습니까?

나는 남을 비판하지 않습니다. 판단하지도 않습니다.

예수님은 누가복음 6장 37절에 이렇게 말씀하셨습니다.

"비판하지 말라. 그리하면 너희가 비판을 받지 않을 것이요 정죄하지 말라. 그리하면 너희가 정죄를 받지 않을 것이요 용서하라. 그리하면 너희가 용서를 받을 것이요."

당신이 남에게 비판을 받는 것은 당신이 먼저 그들을 비판했기 때문이라고 말씀하고 있습니다. 당신이 남에게 정죄를 받는 것은 당신이 먼저 그들을 정죄했기 때문이라고 말씀하고 있습니다.

이 책을 읽는 지금 이 순간부터 비판과 판단을 멈추십시오.

나는 주변 사람들로부터 그들의 기준으로 많은 판단을 받았습니다. 비교와 질투도 받았습니다. 그럴 때마다 '내가 어떻게 하면 저 사람들의 마음에 들 수 있을까'라며 많이 고민했습니다. 그러나 지금은 그런 사람이 있으면 그냥 내버려 둡니다. 나를 바꾸려고도 하지 않고 그 사람에게 잘 보이려고도 하지 않습니다.

그들은 이유 없이 나를 싫어합니다. 내가 어떻게 하든지 싫어합니다. 왜일까요? 자기는 행복하지 못한데 내가 행복하다는 것입니다. 예수님을 믿으면 행복한 것이 당연한 것 아닌가요? 그런데 왜 그들은 행복하지 못하면서 행복한 나를 보고 시기할까요?

나는 그들을 기쁘게 하면 그들이 변화될 줄 알았습니다. 하지만 나를 싫어하는 사람의 마음을 내 힘으로 바꿀 수 없었습니다.

많은 경우에 시간이 지나면 저절로 해결되기도 합니다.

하지만 매사에 부정적인 사람은 쉽게 바뀌지 않습니다.

오직 주님만이 그들을 바꾸실 수 있습니다.

그러면 어떻게 해야 할까요?

먼저 그 사람의 관점이 나와 다르다는 것을 인정해야 합니다.

예전에 나는 어떤 사람으로부터 오랜 기간 상처를 받았습니다.

내가 아무리 최선을 다해 잘하고 배려해도 힘든 상황이 반복되었습니다. 그 사람은 내 존재 자체가 무조건 싫다고 했습니다.

하루는 결심하고 그 사람에게 노골적으로 물었습니다.

"내가 왜 그렇게 이유도 없이 미운가요?"

"어릴 때 나를 괴롭히던 사람과 닮아서 그래요."

나는 너무 어이가 없어 말문이 콱 막혔습니다. 내가 제발 그러지 말아 달라고 부탁하자 그 뒤로는 조심해서 행동했습니다.

그러나 내 마음에는 억울함과 상처들이 쉽게 사라지지 않았습니다. 아무리 생각을 떨치려고 해도 계속 떠올라 몇 년 동안 마음이 늘 무거운 상태가 계속되었습니다. 주님과 순간마다 사랑의 교제를 나누던 내 마음은 아픈 상처들을 되새기느라 지옥 같았습니다. 밥을 먹을 때도 문득 상처 받은 것이 떠올랐고 온통 내 생각을 사로잡았습니다. 나는 너무 괴로워 주님께 울부짖었습니다.

"주님, 제발 제 마음에서 그 사람을 미워하는 마음을 없애 주세요. 그때 받은 상처들을 말끔히 지워 주세요. 제 힘으로는 어떻게 할 수 없어요. 도와주세요"라고 간절히 애원했습니다.

어느 날 잠이 안 와서 거실에 혼자 멍하니 앉아 있다가 성경을 펴서 읽기 시작했습니다. 예수님이 내 대신 십자가에 못 박혀 죽으신 사건을 접하게 되었습니다. 그 말씀을 읽는 순간 주님께서 내 마음에 세미한 음성으로 말씀하셨습니다.

'내가 너의 모든 죄를 대신 짊어지고 십자가에서 처참하게 죽은 것처럼 그 사람을 위해서도 내가 십자가를 졌다. 죽을 수밖에 없는 너의 큰 죄를 내가 용서했는데 너도 그 사람의 작은 허물을 용서해야 하지 않겠니? 다 용서해라.'

그 순간 내 눈에서 폭포수 같은 눈물이 흘러나왔습니다.

"주님, 용서합니다. 그 사람을 용서합니다."

그러자 내 마음이 말할 수 없이 가벼워지고 평안해졌습니다.

다시 주님과 막힘없이 대화하며 교제를 나누는 내가 되었습니다. 마음의 행복을 다시 찾았습니다. 주님께서 말씀하십니다.

"내 사랑하는 자들아, 너희가 친히 원수를 갚지 말고 하나님의 진노하심에 맡기라. 기록되었으되 원수 갚는 것이 내게 있으니 내가 갚으리라고 주께서 말씀하시니라."(롬 12:19)

당신이 상처 받거나 미움 받았다고 느낄 때 그 마음을 꼭 붙들고 있으면 당신의 마음이 썩고 결국은 육체까지 병들고 썩게 된다는 사실을 기억해야 합니다. 지금 당장 상처를 털어야 합니다.

어떻게 하면 될까요? 주님께 도움을 구하십시오.

"성령님, 그 사람을 용서할 수 있게 도와주세요."

그리고 용서하겠다고 결단하고 믿음의 기도를 하십시오.

"성령님, 그 사람이 나에게 행한 모든 것을 용서합니다."

지금 하나님 앞에서 입을 열어 그렇게 고백하십시오.

그러면 주님께서 당신의 마음과 생각을 고쳐 주실 것입니다.

"원수를 용서하라"는 주님의 말씀은 그 사람을 위해서가 아닌 당신을 위해서 하신 말씀입니다. 당신이 고통에서 빠져나와야 합니다. 당신의 상처는 예수님이 십자가에서 다 짊어지셨습니다.

"내가 먼저 용서하면 나만 손해잖아요!"

아닙니다. 용서하지 않으면 당신의 마음이 괴롭고 당신의 뼈가 썩고 피가 마르기 때문에 주님은 용서함으로 당신의 마음이 평안을 유지하고 건강한 몸으로 행복하게 살아야 한다는 것입니다.

당신에게 상처 준 사람은 금방 그 상황을 까맣게 잊어버리고 잘 살고 있을 것입니다. 사실 당신에게 상처 줬는지도 모르는 사람이 대부분입니다. 그러므로 용서하지 않으면 결국 당신만 손해입니다. 당신도 지금까지 살면서 수많은 사람에게 상처를 줬을 것입니다. 하지만 당신은 그것을 일일이 다 알지 못합니다.

주님은 "용서하라. 그러면 용서받을 것이다"라고 하셨습니다.

지금 이 시간에 그 사람을 위해 기도하며 용서하십시오.

"너희를 박해하는 자를 축복하라. 축복하고 저주하지 말라. 즐거워하는 자들과 함께 즐거워하고 우는 자들과 함께 울라. 서로 마음을 같이하며 높은 데 마음을 두지 말고 도리어 낮은 데 처하며 스스로 지혜 있는 체 하지 말라. 아무에게도 악을 악으로 갚지 말고 모든 사람 앞에서 선한 일을 도모하라. 할 수 있거든 너희로서는 모든 사람과 더불어 화목하라. 내 사랑하는 자들아, 너희가 친히 원수를 갚지 말고 하나님의 진노하심에 맡기라. 기록되었으되 원수 갚는 것이 내게 있으니 내가 갚으리라고 주께서 말씀하시니라. 네 원수가 주리거든 먹이고 목마르거든 마시게 하라. 그리함으로 네가 숯불을 그 머리에 쌓아 놓으리라. 악에게 지지 말고 선으로 악을 이기라."(롬 12:14~21)

당신 자신에게 칭찬을 많이 해주라

당신은 혹시 자신에게도 상처를 많이 주지 않습니까?

매사에 당신 자신을 판단하고 정죄하고 책망하지 않습니까?

사도 바울은 자신을 정죄하거나 책망하지 않는 사람이 행복하다고 말했습니다. "자기가 옳다고 생각하는 일을 할 때 죄책감을 느끼지 않는 사람은 행복한 사람이다."(롬 14:22)

왜 자신을 자꾸 정죄하고 책망할까요?

주변 사람들의 기준에 따라 자신을 판단하기 때문입니다.

그들은 자기 기준을 갖고 이렇게 말합니다.

"내 기준에는 이렇게 살아야 하는데 왜 저렇게 살지?"

그런 말을 한 마디 들으면 가슴에 콱 박히고 떨리게 됩니다.

그 사람이 당신의 인생의 주인이 아닙니다. 주님이 당신의 주인이십니다. 그러므로 성령님이 죄를 깨닫게 하실 때가 아닌 다음에는 자신을 정죄하거나 책망하지 말아야 합니다. 그런데 나 자신보다 남을 더 신경 쓰고 의식하다 보면 나도 모르는 사이에 나 자신은 없어지고 주변 사람들의 눈치를 보게 되는 것입니다.

십계명을 어기는 죄만 아니면 무엇이든 해도 됩니다.

하나님의 자녀는 이 땅에서도 부요하고 행복하게 살아야 합니다. 이런 사실을 알지만 이미 그 사람이 한 말이 선입견이 되어 나의 자존감이 낮아지고 작아진 자신을 발견하게 됩니다.

"주변 사람들의 말에 자꾸만 위축되는 나."

이런 변화는 나 자신의 내면의 변화이고 서서히 일어나는 일이기에 그 누구도, 나 자신조차도 눈치 채지 못하는 사이에 일어납니다. 예수님을 처음 믿게 되었을 때는 그렇게도 당당하고 행복하고 부요했던 내가 '처음 믿음'에서 떨어진 것입니다.

그리스도 안에서 발견된 나 자신의 자존감을 회복해야 합니다. 그러기 위해서는 하나님이 만드신 나 자신의 모습을 있는 그대로 인정하는 것이 가장 중요합니다. 각 사람에게는 그 사람만의 인격과 개성, 체질과 재능이 있습니다. 그걸 다른 사람의 기준에 따라 낮추거나 포기하면 안 됩니다. 그걸 최대한 살려야 합니다.

그러려면 나 자신의 작은 부분부터 인정하며 칭찬과 격려를 많이 해 줘야 합니다. 남들이 나를 대하는 태도에 따라 자신의 가치를 판단하지 말아야 합니다. 그러면 숨이 콱콱 막히고 가슴이 답답해집니다. 하루하루 죽음의 터널을 지나게 됩니다.

사람은 누구나 자기 기준으로 다른 사람을 판단하고 비판하고 정죄하고 책망할 수 있습니다. 하지만 그것은 절대적인 것이 아닙니다. 그렇다고 상대가 상처받을까 봐 지나치게 조심하고 배려할 필요도 없습니다. 그 사람을 배려한다고 그에게 모든 것을 맞추려고 쩔쩔매면서 행동하다 보면 상대는 그것이 당연하다고 생각하며 더 많은 양보와 배려를 요구할 수도 있습니다. 어떤 사람은 어느 정도 단호하게 선을 그어주어야지 그렇지 않으면 지나친 것까지 요구합니다. 사도 바울은 말했습니다.

"모든 것을 적당하게 하고 질서대로 하라."(고전 14:40)

내가 무조건 조심하고 배려하고 양보한다고 해서 상대가 만족하는 건 결코 아닙니다. 질서대로 적당히 해야 합니다.

때로는 "아니요"라고 단호하게 의사 표현을 해야 합니다.

상대방이 상처받을까 봐 너무 소심하게 애쓰지 마세요.

작은 일에도 투덜대지 말고 감사하라

당신은 하나님께서 주신 것을 감사하게 여깁니까?

나는 내게 주신 모든 은혜를 한없이 감사하게 여깁니다.

비록 그것이 작은 것일지라도 하나님이 당신에게 주신 것이라면 감사하고 소중히 여겨야 합니다. 그럴 때 더 많이 받게 됩니다. 아무리 큰 것이 주어져도 감사하지 않고 투덜대는 사람은 있는 것도 다 빼앗기게 됩니다. 당신 주위의 누군가가 계속 투덜대며 하나님이 주신 것에 감사하지 않고 부정적으로만 반응한다면 그것을 보는 당신에게도 전염되고 상처가 될 것입니다. 그런 부정적인 사람은 최대한 멀리 두고 자주 만나지 마십시오.

내가 말하는 '믿음의 처세술'을 기억하고 실천하십시오.

"부정적인 사람은 차단하라."

"먼지를 털어 내듯이 부정적인 반응들을 털어 내라."

"믿음의 사람을 만나 사귀고 믿음의 대화만 나누라."

우리는 말을 조심해야 합니다. 하나님이 주신 것이라면 작은 것에도 감사하고 어떤 상황에서도 부정적인 말을 입 밖에 내면 안 됩니다. 원망하고 불평하면 망합니다. 감사하고 찬양해야 합니다.

"그들 가운데 어떤 사람들이 원망하다가 멸망시키는 자에게 멸망하였나니 너희는 그들과 같이 원망하지 말라."(고전 10:10)

가끔 속상한 일이 있거나 어려운 일이 있어도 긍정적인 말 곧 믿음의 말을 해야 합니다. 당신이 툭 내뱉는 말들은 없어지지 않고 계속 돌아다니다가 결국에는 당신에게로 돌아옵니다.

사람들은 말을 아무 생각 없이 함부로 내뱉습니다.

당신의 입술에는 권세가 있습니다. 그 말이 하나도 땅에 떨어지지 않고 열매 맺어 돌아온다고 성경은 말씀합니다.

당신이 평소에 내뱉는 말에 따라 당신의 인생이 완전히 달라진다는 것을 꼭 기억하십시오. 감사하고 믿음의 말을 하면 감사와 부요가 더 넘치는 행복을 누리게 됩니다. 하지만 불평하고 투덜대는 사람은 아무리 좋은 것이 주어져도 만족하지 못하기 때문에 끝도 없이 불행한 삶을 살게 됩니다. 이것을 기억하십시오.

"감사하는 사람에게는 더 큰 것을 주면 더 큰 감사를 하지만, 불평하는 사람에게는 더 큰 것을 주면 더 큰 불평을 한다."

그래서 하나님은 "있다, 있다" 하는 사람에게는 더 주시고 "없다, 없다" 하는 사람에게는 그 있는 것도 빼앗으시는 것입니다. 하루 종일 입버릇처럼 "있다, 있다" "많다, 많다"고만 말하십시오.

그러면 당신의 말대로 모든 것이 넘치게 될 것입니다.

내 모든 곳간이 넘친다고 말하라

당신은 모든 곳간이 넘치는 풍성한 삶을 살고 있습니까?

나는 하나님의 은혜로 모든 것에 모든 것이 넉넉한 하나님의 자녀의 삶을 살고 있습니다. 하나님은 당신과 주위 사람들의 모든 것을 풍성히 공급하시는 부요하신 분입니다. 그래서 바울은 "나의 하나님이 너희 모든 쓸 것을 채우시리라"고 말했습니다.

성경에 나오는 거장들은 모두 믿음의 말만 했습니다.

다윗은 목동으로 있을 때나 왕으로 있을 때나 한결같이 "내 잔이 넘친다"며 믿음의 말만 했고 그 믿음대로 다 되었습니다.

"여호와는 나의 목자시니 내게 부족함이 없으리로다. 주께서 내 원수의 목전에서 내게 상을 차려 주시고 기름을 내 머리에 부으셨으니 내 잔이 넘치나이다."(시 23:1, 5)

당신도 매일 "부족함이 없다. 내 모든 잔이 넘친다"고 말하십시오. 그러면 그대로 될 것입니다. "부족하다. 내 모든 잔이 텅 비었다"고 현상을 말하는 것을 하나님은 싫어하십니다. 하나님은 믿음의 하나님이십니다. 그러므로 당신도 믿음만 말해야 합니다.

잠언 8장 21절에 "나를 사랑하는 사람에게는 내가 재물을 주어서, 그의 금고가 가득 차게 하여 줄 것이다"고 말씀했습니다.

돈에 대해서도 "없다, 없다"고 말하지 말고 "넘친다, 넘친다"고 믿음의 말만 하십시오. 현상이 아닌 오직 믿음만 말하십시오. 그러면 그대로 될 것입니다. 인생은 믿음대로, 말한 대로 됩니다.

현상은 잠깐 있다 지나가는 것이며 믿음이 실상입니다.

"내 모든 곳간이 넘친다. 내 모든 금고가 넘친다."

이렇게 말한다고 과연 빈곤한 현상이 바뀔까요? 바뀝니다.

당신의 인생은 당신이 계획한 대로 다 되지 않지만 당신이 말한 대로 다 되기 때문입니다. 인생은 말한 대로 다 이루어집니다.

"또 배를 보라, 그렇게 크고 광풍에 밀려가는 것들을 지극히 작은 키로써 사공의 뜻대로 운행하나니 이와 같이 혀도 작은 지체로되 큰 것을 자랑하도다. 보라, 얼마나 작은 불이 얼마나 많은 나무를 태우는가."(약 3:4~5)

"가난하다, 가난하다" 하는 사람은 죽을 때까지 가난한 삶을 살게 됩니다. "부요하다, 부요하다" 하는 사람은 죽을 때까지 부요한 삶을 살게 됩니다. 나는 단칸방에 살 때부터 오직 믿음의 말만 했습니다. "하나님이 내 아버지이시므로 나는 부요하다."

나와 남편은 결혼하는 순간부터 서로 믿음의 말만 하자고 약속했습니다. 때로는 현실이 힘들고 고통스러웠지만 그래도 하나님이 인도하고 계심을 믿었기에 불평하지 않았고 늘 감사의 말만 했습니다. 그래서 주변 사람들은 늘 우리가 하는 일마다 별 문제없이 잘되고 있다고만 생각했습니다. 사람들 앞에서 힘들다는 말을 하지 않았기 때문입니다. "하는 일이 다 잘되고 있어요."

결국 그 믿음대로 다 잘되었고 백배의 복을 받았습니다.

우리는 하나님만 의지했고 주변 사람들을 의지하지 않았습니다. 성경에는 "도울 힘이 없는 인생과 방백을 의지하지 말라"고 했습니다. 사람을 의지하려고 하다 보면 그들에게 잘 보여야 하고 그들 앞에서 쩔쩔 매야 합니다. 사람의 도움을 구하기 때문에 사람 앞에서 자꾸 약한 모습을 보이려고 연기하게 됩니다. 사람의 긍휼을 구하기 때문입니다. 그의 주인은 하나님이 아니라 사람입니다. 당신의 주인은 누구입니까? 하나님입니까? 사람입니까? 혹시 눈에 보이는 사람이 당신의 주인이 되지 않았습니까?

사람을 의지하다가 자기가 원하는 대로 안 되면 투덜대고 불평과 원망을 쏟게 됩니다. 하나님의 자녀인 당신은 진정으로 당신을 도울 수 있는 하나님 아버지만 의지해야 합니다. 사람은 순간 작은 도움을 줄 순 있어도 당신을 끝까지 책임질 수 없습니다. 오직 하나님 아버지만이 당신을 영원히 책임져 주실 수 있습니다.

처음부터 끝까지 하나님만 의지하십시오. 그러면 부요하신 하나님께서 당신의 모든 것을 넘치게 채워 주실 것입니다.

"귀인들을 의지하지 말며 도울 힘이 없는 인생도 의지하지 말지니 그의 호흡이 끊어지면 흙으로 돌아가서 그 날에 그의 생각이 소멸하리로다. 야곱의 하나님을 자기의 도움으로 삼으며 여호와 자기 하나님에게 자기의 소망을 두는 자는 복이 있도다. 여호와는 천지와 바다와 그 중의 만물을 지으시며 영원히 진실함을 지키시며 억눌린 사람들을 위해 정의로 심판하시며 주린 자들에게 먹을 것을 주시는 이시로다."(시 146:3~7)

주님, 저도 상 받기를 원합니다

당신은 하나님께 상을 받은 적이 있습니까?

나는 그동안 하나님께 많은 상을 받았습니다. 지금 내가 누리고 있는 모든 좋은 것들은 다 하나님께 상으로 받은 것입니다.

당신도 하나님이 계신 것만 믿지 말고 하나님께 상 받는 것도 믿고 기대하십시오. 하나님은 '믿음의 상'을 주시는 분이십니다.

"믿음이 없이는 하나님을 기쁘시게 하지 못하나니 하나님께 나아가는 자는 반드시 그가 계신 것과 또한 그가 자기를 찾는 자들에게 상 주시는 이심을 믿어야 할지니라."(히 11:6)

어떤 사람은 하나님이 살아 계신 것만 믿고 그분이 상 주시는 이심을 믿지 않습니다. 그래서 많은 상을 놓치고 있습니다.

하나님은 당신의 믿음에 대해 반응하시는 분이십니다. 어떻게요? 상을 주시는 것입니다. 이것이 곧 '믿음의 상'입니다.

나는 사람들에게 드러내며 선을 베푸는 것을 어색해 합니다.

그래서 순간마다 성령님의 인도하심을 따라 자연스럽게 주위 사람들의 필요를 채워 줍니다. 때로는 정말 내 형편이 어려운 중에서도 최선을 다해 힘든 사람을 돕기도 하지만 그들 중에 어떤 사람은 그렇게 도와줘도 하나님을 바라보며 감사하기보다는 현상을 바라보며 변함없이 더 크게 찡그리며 울상을 짓습니다.

그렇게 도와준 사람이 투덜대고 불평하면 내 마음이 상처를 받고 힘들어 합니다. 사람들은 왜 끝도 없이 불평할까요? 자신에게 주어진 것에 만족하지 못하고 남과 비교해서 더 주지 않는다고 원망하기 때문입니다. 나는 지금까지 남들과 비교하지 않고 항상 자족했습니다. 내가 작은 일에도 감사하면 하나님은 더 큰 것으로 채워 주셨습니다. 당신도 비교하기를 멈추고 감사하십시오.

하나님은 감사하는 사람에게 더 많은 선물을 주십니다.

하나님은 반드시 백배의 복을 주신다

당신은 하나님께 백배의 복을 받은 적이 있습니까?

나는 그동안 하나님께 믿음으로 순종한 것의 백배의 복을 받았습니다. 물론 10년, 20년이 지나도 아무 일이 안 일어나는 것 같아 힘들기도 했지만 그래도 계속 믿음을 지키자 하나님께서 결국 백배의 복을 주셨습니다. 당신에게도 주십니다. 하나님은 말로 약속하시고 그것을 꼭 지키시는 '언약의 하나님'이십니다.

당신이 다른 사람에게 선을 베풀 때 그들이 당신에게 감사하고 갚아 주길 기대하지 마십시오. 오직 하나님 앞에서 선을 베풀면 하나님이 당신이 행한 것에 대해 갚아 주실 것입니다. 하나님은 사람이 주는 것과는 비교도 안될 만큼 큰 복으로 갚아 주십니다.

하나님은 하나도 잊지 않으시고 당신의 손으로 행한 것을 다 기억하고 계십니다. 그러므로 사람에게 행한 것에 대해 칭찬받으려 애 쓰지 마십시오. 그러다 보면 괜히 상처받고 실망하게 됩니다. 선을 행하고도 마음이 불행해집니다. 하나님 앞에서 모든 일을 해야 마음이 행복해집니다. 예수님이 말씀하셨습니다.

"사람에게 보이려고 그들 앞에서 너희 의를 행하지 않도록 주의하라. 그리하지 아니하면 하늘에 계신 너희 아버지께 상을 받지 못하느니라. 그러므로 구제할 때에 외식하는 자가 사람에게서 영광을 받으려고 회당과 거리에서 하는 것 같이 너희 앞에 나팔을 불지 말라. 진실로 너희에게 이르노니 그들은 자기 상을 이미 받았느니라. 너는 구제할 때에 오른손이 하는 것을 왼손이 모르게 하여 네 구제함을 은밀하게 하라. 은밀한 중에 보시는 너의 아버지께서 갚으시리라."(마 6:1~4)

상처받은 과거에 초점을 맞추지 마라

당신은 어떤 생각에 자주 몰두합니까?

부정적인 생각입니까? 긍정적인 생각입니까?

당신이 진정으로 행복하고 과거로부터 자유로워지려면 하나님이 주신 복을 생각해야 합니다. 그분이 지금까지 은혜로 이끌어 주신 수많은 복에 초점을 맞추지 않고 남과 비교하며 없는 것을 따지기 시작하면 자신이 불행하다고 여겨집니다.

그때부터 당신의 마음에 원망과 불평, 시기가 가득해집니다.

많은 사람들이 그동안 받은 은혜는 잊어버리고 한두 마디 상처받았던 것과 한두 가지 힘들었던 것들에 초점을 맞추며 실패했다고 생각하며 고통스러워합니다. 그러니 예쁜 얼굴이 찌그러들고 몸이 굳어지며 마음이 천길만길 밑으로 가라앉게 되는 것입니다.

사람은 한 번에 한 가지만 생각할 수 있습니다 그러므로 순간마다 좋은 생각을 선택해야 합니다. 만약 부정적인 생각이 자꾸 떠오르면 "예수 이름으로 명하노니 부정적인 생각은 떠나가라"고 꾸짖으십시오. 그러면 떠나갑니다. 부정적인 생각을 그냥 두지 말고 꾸짖으십시오. 지금 당장 이렇게 중얼거리며 명령하십시오.

"예수 이름으로 명한다. 부정적인 생각은 떠나가라."

당신의 생각을 다스리려면 영을 강하게 하십시오.

수많은 생각들이 뒤죽박죽되어 함께 떠오르지 못하도록 영으로 생각을 다스리십시오. 하나의 부정적인 생각에 붙잡히게 되면 꼬리에 꼬리를 물고 괴로웠던 생각들이 계속 떠오릅니다. 이것이 육신에서 솟아나는 잡생각이요 '저주 마인드'입니다.

이런 잡생각에 사로잡히면 그동안 하나님이 주신 풍성한 복과 상관없이 우울해지고 자신이 불행하다는 생각에 빠지게 됩니다.

"육신의 생각은 사망이요 영의 생각은 생명과 평안이니라. 육신의 생각은 하나님과 원수가 되나니 이는 하나님의 법에 굴복하지 아니할 뿐 아니라 할 수도 없음이라."(롬 8:6~7)

우리가 하나님을 의지하며 살더라도 좋은 일과 나쁜 일이 공존합니다. 많은 경우 각자의 기준에서 느끼는 감정들입니다.

어떤 사람은 똑같은 상황에서 긍정적인 면을 보고 또 어떤 사람은 부정적인 면을 봅니다. 당신은 어떤 사람이 되고 싶습니까? 이왕이면 긍정적인 생각을 선택해야 하지 않을까요?

나는 부정적인 생각이 꼬리를 물고 떠오르면 소리 내어 중얼거리며 성령님께 도움을 구합니다. "성령님, 도와주세요"라고 말씀드리면 성령님께서 꼭 필요한 성경 말씀을 떠올려 주십니다.

내가 염려할 때는 이런 말씀을 정확히 떠올려 주십니다.

"아무 것도 염려하지 말고 다만 모든 일에 기도와 간구로, 너희 구할 것을 감사함으로 하나님께 아뢰라. 그리하면 모든 지각에 뛰어난 하나님의 평강이 그리스도 예수 안에서 너희 마음과 생각을 지키시리라."(빌 4:6~7)

당신도 그냥 있지 말고 적극적으로 도움을 구하십시오.

그러면 성령님께서 당신의 모든 생각을 지켜 주실 것입니다.

하나님이 당신에게 일어난 모든 일을 합력하여 선을 이루어 가신다는 것을 확실히 믿어야 합니다. 움츠렸던 어깨를 펴고 찡그린 얼굴을 환하게 펴고 웃으십시오. 그러면 마음도 상쾌해집니다.

행복한 삶을 살고 싶습니까? 그렇다면 지금 이 순간 당신의 생각을 '하나님께서 주신 복과 주실 복들'에 고정시키십시오.

성령님과 함께 꿈을 꾸며 오늘 하루를 마음껏 누리며 행복하게 사십시오. 내일 일은 모두 주님께 맡기십시오. 나는 실제로 그렇게 살고 있습니다. 그래서 날마다 천국같이 행복합니다.

나쁜 생각을 차단하고 좋은 생각을 붙잡는 것은 하나님이 해주시는 것이 아닙니다. 당신이 직접 해야 하는 일입니다.

그러면 구체적으로 어떤 생각을 붙잡아야 할까요?

사도 바울은 끝으로 좋은 생각만 붙잡으라고 코치했습니다.

"끝으로 형제들아, 무엇에든지 참되며 무엇에든지 경건하며 무엇에든지 옳으며 무엇에든지 정결하며 무엇에든지 사랑 받을 만하며 무엇에든지 칭찬 받을 만하며 무슨 덕이 있든지 무슨 기림이 있든지 이것들을 생각하라."(빌 4:8)

이 구절에 대한 몇 가지 번역을 살펴보겠습니다.

"마지막으로, 형제자매 여러분, 무엇이든지 참된 것과, 무엇이든지 경건한 것과, 무엇이든지 옳은 것과, 무엇이든 순결한 것과, 무엇이든 사랑스러운 것과, 무엇이든지 명예로운 것과, 또 덕이 되고 칭찬할 만한 것이면, 이 모든 것을 생각하십시오."〈새번역〉

"형제 여러분, 끝으로 말합니다. 여러분은 참되고 고상하고 옳고 순결하고 사랑스럽고 칭찬할 만한 것이 무엇이든 거기에 미덕이 있고 찬사를 보낼 만한 것이 있다면 그것들을 생각하십시오."〈현대인의 성경〉

"Finally, brothers, whatever is true, whatever is noble, whatever is right, whatever is pure, whatever is lovely, whatever is admirable ; if anything is excellent or praiseworthy – think about such things."〈NIV〉

"Finally, brethren, whatsoever things are true, whatsoever things are honest, whatsoever things are just, whatsoever things are pure, whatsoever things are lovely, whatsoever things are of good report; if there be any virtue, and if there be any praise, think on these things."〈KJV〉

이 말씀은 '좋은 생각'이 어떤 것인지 명확하게 알려줍니다.
하나님이 기뻐하시는 좋은 생각은 어떤 것일까요?
첫째, 참된 생각입니다.(whatever is true) 이것은 '정확한 생각'을 말합니다. 'true'의 뜻은 '만들어 내거나 추측한 것이 아니고 사실인, 참인, 맞는, 진짜의, 정확한'입니다.

사울 왕은 자기가 하지 말아야 할 일을 추측해서 일을 처리했고 그 결과 하나님께 버림받았습니다. 그에 비해 다윗 왕은 "나로 하여금 고범죄를 짓지 않게 해주세요"라고 기도하며 정확하게 성령님께 묻고 그분의 음성을 따라 일했습니다. 고범죄는 '추측하는 죄'입니다. 하나님이 가장 싫어하시는 것이 추측하는 것입니다.

당신은 어떤 일도 추측하지 말고 성령님께 물으십시오.

"성령님, 어떻게 할까요?"

둘째, 고상한 생각입니다.(noble) 당신은 고결한 생각, 고귀한 생각, 숭고한 생각, 웅장한 생각, 귀족적인 생각을 해야 합니다. 이것은 곧 예수님을 사랑하는 마음을 말합니다. 고상한 사람은 고상한 일만 계획합니다. 나사로의 누이 마리아가 그랬습니다. 예수님을 만나기 전에는 천박한 여인이었지만 예수님을 만난 후로는 고상한 여인이 되었고 예수님께 값비싼 향유를 부었습니다.

당신도 예수님을 사랑하는 고상한 생각만 하십시오.

셋째, 옳은 생각입니다.(just) 구부러진 생각을 하지 마십시오. 구부러진 생각은 곧 의심하는 생각을 말합니다. 이런 사람은 두 마음을 품은 자로 하나님께 무엇이든지 얻기를 생각하지 말아야 합니다. 하나님께 한번 기도하고 구했으면 받았다고 믿고 마음에 조금도 의심하지 마십시오. 그러면 그대로 될 것입니다.

넷째, 정결한 생각입니다.(pure) 다른 것이 섞이지 않은 순수한 생각만 하십시오. 오염되지 않은 깨끗한 복음만 하십시오. 사도 바울은 "또한 모든 것을 해로 여김은 내 주 그리스도 예수를 아는 지식이 가장 고상하기 때문이라. 내가 그를 위하여 모든 것을 잃어버리고 배설물로 여김은 그리스도를 얻고 그 안에서 발견되려 함이니 내가 가진 의는 율법에서 난 것이 아니요 오직 그리스도를 믿음으로 말미암은 것이니 곧 믿음으로 하나님께로부터 난 의라"(빌 3:8~9)고 말했습니다. 처음부터 끝까지 예수님이 십자가에서 다 이루었다는 온전한 복음만 생각해야 합니다. 거기에 일만 스승을 따라 일만 가지 율법 행위를 보태면 안 됩니다.

다섯째, 사랑받을 만한 생각입니다.(lovely) 당신은 하나님께 사랑받을 만한 사람입니다. 예수님이 당신 대신 십자가에서 미움을 다 받았기 때문입니다. 그러므로 당신은 오직 사랑받을 만한 생각만 해야 합니다. 징계 받을 만한 생각을 하면 안 됩니다.

이사야 선지자는 "그가 징계를 받음으로 우리가 평화를 누린다"고 말했습니다. 여기서 말하는 징계는 '말씀을 통한 권면이나 가르침, 훈계와 책망'이 아닌 '죄인이 마땅히 받을 형벌'을 의미합니다. 예수님이 당신의 모든 형벌을 다 받았습니다. 그러므로 당신은 형벌을 받지 않습니다. '형벌 받으면 어떻게 하지?'라는 생각을 하지 마십시오. 하나님은 당신에게 이렇게 말씀하십니다.

"너는 내 사랑하는 아들이다. 내가 너를 많이 좋아한다."

여섯째, 칭찬받을 만한 생각입니다.(of good report) 이것은 '좋은 평판'을 말합니다. 인터넷에 떠돌아다니는 나쁜 평판들을 검색하지 마십시오. 당신에 대한 것이나 정치인들, 연예인들에 대한 나쁜 평판들도 검색하지 마십시오. 그런 생각들을 보지도 듣지도 말하지도 마십시오. 수다 떨며 옮기지 마십시오. 오직 칭찬받을 만한 생각 곧 '좋은 평판'만 보고 듣고 생각하십시오.

직장이나 학교, 학원이나 카페에서 사람들이 수군거리는 나쁜 평판들에 귀를 기울이지 마십시오. 그것이 당신의 마음을 병들게 할 것입니다. 그 자리에서 조용히 일어나 더 좋은 자리로 옮기십시오. 복 있는 사람은 오만한 자의 자리에 앉지 않습니다.

일곱째, 덕이 되는 생각입니다.(virtue) '이 생각이 내게 덕이 될까?'라고 질문하십시오. 덕이 되지 않는 생각을 하지 마십시오. 음식도 '이 음식이 내 몸에 덕이 될까?'를 따지고 먹는 것처럼 생각도 그렇게 하며 분별해야 합니다. 덕이 되지 않는 생각을 하면 당신의 마음이 더러워지고 병들어 앓게 됩니다. "덕이 된다"는 말은 '강해진다, 세워진다, 충전한다'는 뜻이 있습니다. 어떤 것을 생각할 때 당신의 마음이 강해지고 세워지고 충전되는 것만 생각하십시오. 그와 반대로 약해지고 무너지고 방전되는 생각은 하지 마십시오. 그런 내용은 보지도 듣지도 옮기지도 마십시오.

여덟째, 기릴 만한 생각입니다.(praise) 기린다는 것은 '칭찬한다, 찬양한다, 높인다'는 뜻입니다. 하나님의 높고 위대하심을 찬양할 만한 것만 생각하십시오. 그동안 하나님이 당신의 인생에 행하신 일을 기억하고 기념하고 기리십시오. 찬양하십시오. 어떤 사람은 하나님이 수만 가지 기적과 응답을 주셨어도 지금 당장 힘든 일 한 가지 때문에 그분을 원망합니다. 그러지 마십시오. 긍휼과 자비가 많으신 하나님께서 그동안 당신의 삶에 베풀어주신 모든 복을 세어 보면서 그분을 억만 번이나 찬양하십시오.

아홉째, "이것들을 생각하라"고 지시했습니다.(think on these

things) 그 외의 잡다한 생각, 더러운 생각, 부정적인 생각들은 듣거나 받아들이거나 골똘히 생각하지 말라는 것입니다. 이것은 하나님의 명령입니다. 다른 것들을 생각하는 것은 죄입니다.

당신에게 힘든 일이 생겼습니까? 믿음을 굳게 지키십시오. 결코 하나님이 당신에게 저주를 내려서 그 힘든 일이 생긴 것이 아닙니다. 당신이 마음의 문을 열고 아무 생각이나 들어오게 방치했기 때문입니다. 문을 열 때와 닫을 때를 선택하는 것은 당신이 할 일입니다. 나쁜 생각을 검색하고 보고 듣고 받아들여서 당신의 인생을 망치지 마십시오. 좋은 생각만 받아들이십시오.

하나님이 당신에게 말씀하십니다.

"아들아, 딸아, 너는 좋은 생각만 해라."

주님은 당신의 사랑을 원하신다

당신은 예수님을 뜨겁게 사랑하십니까?

이사야서 32장 8절에 "고상한 사람은 고상한 계획을 세우며 언제나 고상한 일에만 집착한다"고 했습니다. 세상에서 가장 고상한 일은 '예수님을 사랑하는 일'입니다. 마리아가 그랬습니다.

마리아는 예수님께 향유를 붓고 그 발에 입 맞추었습니다.

그때 한 제자가 그 여인을 비난하며 "그것을 300데나리온에 팔아 가난한 자들을 도왔으면 더 좋았겠다"라고 말했습니다. 그러나 예수님이 마리아를 칭찬하시며 "복음이 전해지는 곳에는 이 일도 말하여 기념하라"고 말씀하셨습니다.

비난한 제자는 현실적이고 계산적이었습니다.

하지만 모든 일을 현실적이고 계산적으로만 따질 수는 없습니다. 예수님이 우리를 사랑하시고 십자가에 못 박혀 죽으신 일에 대해서도 값을 따질 수 없는 것처럼 우리가 예수님을 사랑하는 마음을 표현하는데 있어서도 값을 따질 수가 없습니다.

그 여인은 예수님을 사랑하는 마음으로, 그 사랑을 표현하는 방법으로 자신의 전 재산인 향유를 예수님께 부었던 것입니다.

사랑은 계산하지 않고 다 쏟아 붓는 것입니다.

제자들은 사랑의 기준에서 보지 않고 노동의 효율적인 면에서 그 사건을 판단했습니다. 과연 무엇이 먼저가 되어야 할까요?

사랑이 없이 효율적인 일처리만 중요하게 여기면 될까요?

그것은 일 중심적인 노예와 하녀 마인드입니다.

주님은 사랑을 원하십니다. 그분의 신부인 우리가 신랑 되신 예수님을 사랑하지도 않으면서 일에만 빠져 있다면 과연 신랑이 좋아할까요? 신랑을 사랑하는 마음이 식어 있으면서 신랑을 위해 아무리 열심히 노력하고 뛰어다닌들, 수많은 사람들을 구제하고 그들에게 큰 영향을 미친들, 과연 신랑이 기뻐할까요?

당신이 주님을 사랑한다면 그분께 사랑한다고 고백하는 것이 먼저 되어야 합니다. 당신의 기준을 내려놓고 당신의 고정관념을 깨뜨리십시오. 주의 이름으로 하는 모든 일은 곧 주님께 하는 일이므로 계산하지 말고 뜨거운 마음으로 하십시오.

나는 주님을 뜨겁게 사랑합니다. 많이 사랑합니다.

내가 주님을 사랑하므로 가슴이 뛰지 않는다면 나는 살아 있으나 온전히 사는 것이 아닙니다. 주님이 나의 신랑이십니다. 그분이 내 삶의 모든 것을 이끄시고 내 모든 필요를 채워 주시고 나와 동행하시며 한발 앞서가시며 모든 일을 진행하십니다. 그러므로 나는 사랑하는 그분만 바라보며 모든 일을 하고 매순간을 살아갑니다. 주변 사람들의 기준은 받아들일 필요가 없습니다.

오직 주님만 사랑하며 그분이 이끄시는 대로 사십시오.

계산하지 말고 행복한 마음으로 예배하고 기도하고 헌금하고 봉사하고 선교하십시오. 계산하는 기준으로 일하면 주님께서 그대로 우리에게도 계산하시겠다고 말씀하셨습니다. 주님을 사랑하므로 즐겁게 예배하고 모든 착한 일을 행하십시오.

계획을 세운 후에 성령님의 알하심을 지켜보라

당신은 지금 어떤 일을 계획하고 있습니까?

나는 예전에 모든 일을 내가 완벽하게 계획하고 처리해야 된다고 생각했습니다. 앞으로 해야 할 일들과 일어날 일들을 완벽하게 대비하고, 철저하게 계획을 세우고 그 계획대로 오차 없이 일을 진행하려고 했습니다. 만약 나의 계획대로 착착 진행이 안 되면 속상해 하거나 내 마음이 감당이 안 되어 쩔쩔 매곤 했습니다.

지금은 그런 마음을 내려놓았습니다. 당신도 내려놓으십시오.

당신이 지나칠 정도로 완벽한 계획을 세우고 그대로만 착착 맞아떨어지게 일을 진행하려고 하면 성령님이 일하실 틈이 없습니다. 성령님이 일하실 기회를 차단하는 꼴이 됩니다.

예전에 내가 잠실에서 월세로 살 때, 월세를 안 내 보증금을 다 까먹고 빈손으로 쫓겨나듯이 이사해야 할 때가 있었습니다.

네 명의 아이들을 데리고 어디로 어떻게 가야 하나 싶어 앞이 캄캄했습니다. 돈 한 푼 없이 길거리에 나 앉을 판이었습니다.

나는 앞일이 너무 걱정되고 괴로워 '어떻게 해야 할까?'라는 생각만 계속 하고 있었습니다. 그러던 어느 날, 그날도 하나님께 "어떻게 해요"라며 울부짖고 있는데 내 마음에 성령님께서 '교만하다'고 하시는 것이었습니다. 나는 놀라며 물었습니다.

"주님, 누가요? 누구를 말씀하시는 거죠?"

나는 두리번거리며 주위를 살폈습니다.

그 순간 '너다'라고 하시는 거였습니다.

나는 말문이 막혔습니다.

'제가요?'

'그렇다.'

나는 회개했습니다. 하나님은 내게 무엇이 필요한지 이미 다 알고 계시며 모든 좋은 것을 이끌어 주시는 내 인생의 주인이 되십니다. 그런데 내가 주인 행세하면서 내 힘으로 해결하려고 발버둥치는 것은 나의 주인을 무시하는 교만한 행동임을 미처 깨닫지 못했던 것입니다. 나는 그날 밤 주방 한쪽 구석에 쪼그리고 앉아 "나의 주인님!"이라고 부르짖었습니다.

우리가 "주여, 주여"라고 하는 것은 정확히 말하면 "주인님, 주인님"이라고 하는 것입니다 많은 사람들이 하나님을 향해 '주인님'이라고 입술로는 부르짖으면서 정작 자기 삶의 현장에서는 주인으로 인정하지 않는 경우가 많습니다.

당신도 혹시 자기 힘과 노력으로 인생을 살아가려고 하지 않습니까? 삶의 모든 영역의 주인님이신 하나님을 뒷짐 지고 뒷방에 조용히 물러나 있는 늙은이 취급을 하고 있지 않습니까?

하나님은 어제나 오늘이나 영원토록 지혜롭고 강하고 능하신 분입니다. 하나님은 실제적이고 구체적으로 당신의 삶에 주인으로 개입하길 원하십니다. 모든 일에 그분을 인정하십시오. 다윗은 말했습니다. "내가 여호와를 항상 내 앞에 모심이여, 그가 나의 오른쪽에 계시므로 내가 흔들리지 아니하리로다."(시 16:8)

다윗이 "항상 주님을 내 앞에 모신다"고 한 것은 하나님이 자신보다 앞서 가시면서 모든 순간에 역동적으로 일해 주시기를 바란 것입니다. 그는 하나님을 구체적으로 의지했습니다.

당신도 성령님과 동행하는 삶을 살아야 합니다.

그분을 당신의 인생의 주인으로 모시는 삶이 가장 지혜롭고 행복한 삶입니다. 당신이 혼자서 머리를 싸매고 고민하며 그 문제를 어떻게든 해결하려고 매달려 있는 것은 교만한 태도입니다.

어떻게든 문제를 해결해 주시는 분은 오직 하나님이십니다.

그분이 지금 당신에게 도와주겠다고 말씀하십니다.

"어떻게든 내가 그 문제를 해결해 줄게."

"어떻게든 너의 모든 쓸 것을 다 채워 줄게."

당신의 모든 짐을 하나님께 맡기십시오. 그분은 날마다 당신의 짐을 대신 짊어지시는 분이며, 날마다 당신 대신 문제와 부딪히며 해결해 주시는 구원자이십니다. "날마다 우리 짐을 지시는 주 곧 우리의 구원이신 하나님을 찬송할지로다."(시 68:19)

그분은 어떻게든, 가장 좋은 방법으로 문제를 해결하십니다.

그분을 믿고 안식을 누리십시오.

자기 계발을 위해 과감히 투자하라

당신은 자신을 위해 과감히 투자합니까?

지금 나는 나 자신을 위해 과감히 돈을 투자합니다.

하지만 예전에는 나 자신을 위해 돈을 쓰는 것을 힘들어 했습니다. 남편이 나를 위해 옷을 사주고 내 건강을 챙겨 주길 바랐습니다. 하고 싶은 일이 있으면 남편과 주위 사람의 눈치를 보았고 그들이 내 대신 돈을 내주며 "이거 좀 해보세요"라고 말해 주길 은연중에 기대했습니다. 그러다 보니 때로는 그들이 야속하고 섭섭하게 여겨졌고 혼자 우울한 기분에 빠지기도 했습니다.

왜 나 자신을 위해 투자하지 못했을까요? 그것은 곧 나 자신을 위해 돈을 쓰는 것에 대한 미안한 마음이 들었기 때문입니다.

'내가 이런 걸 하기 위해 돈을 써도 될까?'

'내게 그만한 가치가 있을까?'

수많은 생각들로 고민하고 갈등하곤 했습니다.

나 자신의 가치를 너무 낮고 하찮게 여겼기 때문입니다.

남들이 나를 알아봐 주고 챙겨 주길 바라는 생각이 컸습니다.

사실 그 누구도 나에 대해 온전히 알 수 없습니다.

나도 가장 가까이 있는 남편의 마음조차 잘 모를 때가 있습니다. 그가 정말 원하는 것이 무엇인지, 무얼 하고 싶어 하고, 무얼 갖고 싶어 하는지 본인이 말하지 않으면 다 알 길이 없습니다.

그러면서 남이 나를 알아서 챙겨 주고 돈을 써 주길 바라는 것은 너무 잘못된 것이 아닐까요? 많은 사람들이 자기 자신을 위해 돈을 쓰는 것은 이기적인 나쁜 생각이라고 여깁니다.

"네 이웃을 사랑하고 하나님을 사랑하라"고 했습니다.

대부분 이 말씀에서 한 가지를 놓치고 있습니다. 무엇일까요?

하나님이 그냥 "네 이웃을 사랑하라"고 하지 않고 "네 이웃을 네 몸과 같이 사랑하라"고 말씀하셨다는 것입니다.

이 말씀은 세 가지를 가리킵니다. 첫째는 하나님 사랑, 둘째는 내 몸 사랑, 셋째가 이웃을 내 몸처럼 사랑하라는 것입니다

이러한 우선순위를 모르면 이웃을 위해 베풀기 위해 돈을 쓰는 것은 괜찮다고 여기면서 자기 몸을 위해 돈을 쓰는 것은 왠지 이기적이고 나쁜 행동인 것처럼 여기며 양심에 죄책감을 느끼게 됩니다. 이웃을 사랑하기에 앞서 자기 몸을 사랑해야 합니다.

이 말씀을 이웃에게만 적용하면 문제가 커집니다. 나는 아무리 불행해도 상관없고 모든 면에 이웃을 우선시하며 희생하라는 말씀으로 보이기 때문입니다. 자기는 온데간데없습니다.

사람이 온 천하를 얻어도 자기 목숨을 잃으면 소용없습니다.

다른 사람의 건강이 소중한 것처럼 자신의 건강도 소중합니다.

다른 사람에게 옷과 집이 필요한 것처럼 자신에게도 옷과 집이 필요합니다. 어떤 사역자는 남을 챙긴다고 뛰어다니다 자기 건강을 잃고 병실에 누워 끙끙거리는데 그런 걸 보면 가슴이 아픕니다.

"내가 평생 아프리카에서 헌신했는데 왜 암에 걸렸나요?"

그 암은 하나님이 주신 것이 아닙니다. 자신의 건강을 챙기지 않았기 때문에 생긴 병입니다. 당신의 몸은 당신의 것이 아닙니다. 성령님이 거하시는 성전입니다. 그러므로 건강을 챙겨야 합니다. 어떻게 하면 될까요? 세 가지를 실천하세요.

첫째, 하루에 7~8시간 정도의 충분한 수면을 취하십시오.

과로는 일을 많이 해서 오는 것이 아니라 수면 부족에서 옵니다. 수면이 부족하면 면역력이 떨어지므로 온갖 병에 노출됩니다.

둘째, 하나님이 먹으라고 한 깨끗한 음식을 먹어야 합니다.

그것이 무엇일까요? 곡채과 소양가생(곡식, 채소, 과일, 소고기, 양고기, 가금류, 생선)등입니다. 하나님이 먹지 말라고 한 더러운 음식인 돼지, 개, 뱀, 박쥐, 오징어, 문어, 장어, 조개, 새우, 가재 등 혐오스러운 것들은 먹지 말아야 합니다. 화학 첨가제가 담긴 발암 제품은 멀리해야 합니다. 남이 대접하는 음식 곧 공짜라고 마구 먹으면 당신의 몸이 다 망가집니다. 깨끗한 음식을 소식(小食)하십시오.

셋째, 운동을 통해 약한 몸을 강하게 만들어야 합니다.

수영, 골프, 축구, 족구, 복싱, 헬스 등 무엇이든 좋습니다. 자신에게 맞는, 자신이 좋아할 수 있는 운동을 찾아 매일 실천하십시오.

일하다가도 몸이 힘들면 멈추고 잠깐씩 스트레칭을 하십시오.

하나님이 당신에게 맡기신 100조 원짜리 몸을 잘 경영하십시오.

하나님은 당신을 구원하기 위해 대속의 은혜를 베푸셨습니다.

그러므로 당신이 먼저 그 은혜를 알고 누려야만 이웃에게도 알게 하고 누리게 할 수 있습니다. 하나님은 삶의 전 영역에 있어 당신이 먼저 그분이 주시는 것을 누리고 행복하기를 원하십니다.

엄마가 자녀인 당신에게 먹으라고 빵을 주었는데 당신은 쫄쫄 굶으면서 친구에게 그 빵을 다 준다면 엄마의 마음이 어떻겠습니까? 당신이 먼저 먹고 그 다음에 친구에게 주는 것이 옳습니다.

나는 깨달았습니다. 그러므로 더 이상 나를 위해 돈을 쓰거나 내가 원하는 것을 하는데 있어 죄책감을 느끼지 않습니다.

당신이 하나님의 자녀로서 꼭 지켜야 할 십계명에 어긋나지 않는 것은 무엇이든 해도 됩니다. 당신이 먼저 누리십시오.

당신이 먼저 여호와의 선하심을 맛보아 알아야 다른 사람에게도 그것을 권할 수 있습니다. 당신은 존귀한 사람입니다.

"너희는 여호와의 선하심을 맛보아 알지어다."(시 34:8)

나의 사랑하는 주님을 향한 기도

나의 사랑하는 주님,
내 일생 동안 주님만 사랑하며 살게 하소서.
예배할 때도 오직 그곳에 임하신 주님께만 내 눈을 고정시키고
주님을 찬양하고 예배하게 하소서.

나의 사랑하는 주님,
내 모든 삶에 항상 주님만 의식하며 살게 하소서.
주님이 주인이심을 인정하는 내 삶이 되게 하소서.
사람과 현상, 상황과 문제를 보지 않고
오직 주인이신 주님만 바라보며 살게 하소서.
어떤 일이 있든 주님께만 민감하게 하소서.

나의 사랑하는 주님,
내 온 마음을 다해 주님만 의지합니다.
주님이 내 삶에 한 발 앞서 가시며
모든 문제를 해결해 주심을 믿고 감사하며
매순간 행복한 마음으로 살게 하소서.

나의 사랑하는 주님,
주님의 생명이 넘치는 시냇가에 나를 심으심을 감사드립니다.
날마다 저절로 잘되게 하심을 감사드립니다.
날마다 모든 것을 넘치게 채워 주심을 감사드립니다.
날마다 모든 것을 풍성히 누리게 하심을 감사드립니다.
날마다 환난과 근심이 없게 하심을 감사드립니다.

나의 사랑하는 주님,
사람들의 반응과 그들의 불평에 둔감하게 하시고
오직 주님의 음성에만 민감하게 하소서.

나의 사랑하는 주님,
어제나 오늘이나 영원토록 동일하게
주님이 나의 든든한 백이 되어 주셔서
그 무엇도 두렵지 않고 당당하게 살게 하심을 감사드립니다.

나의 사랑하는 주님,
내 평생 만왕의 왕이신 주님의 딸로
풍요하고 행복하게 살게 하심을 감사드립니다.
나의 주 나의 사랑 나의 전부이신 주님을
온 마음을 다해 사랑합니다.

나는 성령님이 너무너무 좋다

당신은 성령님을 아십니까?

당신은 성령님을 아십니까?

어느 날 교회에서 예배하는데 목사님이 말씀하셨습니다.

"외국에서는 '저주 받아라'는 말보다 더 무서운 것이 있는데 '성령 받지 마라'는 말이래요."

나는 그게 뭘까 하고 생각했습니다. 또 어떤 목사님은 목회하시다가 너무 힘들어서 좀 쉬고 성경을 읽으면서 '성령'이라는 말만 나오면 빨간 줄을 긋고 말씀을 계속 읽으셨답니다. 그래서 난 더 궁금해서 성령님이 누구신지 꼭 알고 싶어졌습니다.

너무 힘들고 어려울 때마다 목사님의 말씀이 자꾸 생각나고

'그게 뭘까? 뭘까?' 하고 알고 싶어서 견딜 수가 없었습니다.

성령이라면 귀를 기울여 듣고 또 들었습니다.

성령이라고 쓰인 쪽지라도 발견하면 놓치지 않고 읽어보며 성령님을 꼭 알아야겠다고 눈만 뜨면 성령님을 찾았습니다.

교회에서 서점에서 가는 곳곳마다 헤매다가 김열방 목사님이 쓰신 〈성령을 체험하라〉는 책을 읽고 내 인생이 바뀌었습니다.

이제는 성령님을 나의 주인으로 삼고 날마다 성령님과 교제하며 성령님께 묻고 성령님의 지배를 받으며 살고 있습니다.

성령님은 매일 기적의 삶, 창조의 삶을 살게 해주셨습니다.

현실은 힘든 날이 있어도 마음이 온전한 복음으로 성령 안에서 기뻐하며 최고의 삶을 살게 해주셨습니다. 어디를 가든지 성령님을 높여 드리고 온 천하에 이 성령님을 알리고 싶습니다.

당신도 성령님을 찾아보세요. 알아보세요. 구하고 찾고 두드리세요. 기도하세요. 성령님과 예수님, 하나님을 만나고 알아 가는 데 있어 갈급하세요. 그러면 꼭 가르쳐주시고 만나 주십니다.

"성령님, 너무 좋아요."

"성령님, 감사합니다."

"성령님, 사랑합니다."

이 책을 통해 성령의 사람으로 바뀌고 빛나는 인생을 사십시오. 당신도 화려하고 찬란하고 눈부신 인생을 살 수 있습니다.

성령님은 나의 애인이시다

당신은 성령님을 어떻게 생각하십니까?

하나님께서 내게 너무나도 오랜 세월 동안 성령님을 알고 싶어하는 마음을 주셨고 또 성령님을 구하고 찾고 두드리는 간절함을 주셨기 때문에 이제는 성령님과 함께 하지 않고는 살 수 없을 정도가 되었습니다. 성령님은 나의 전부요 나의 모든 것입니다.

내가 처음 예수님을 믿고 밥 먹을 때 기도를 하라고 가르쳐 주셨는데 잘되지 않았습니다. 어느 때는 밥 먹다가 생각나고 때로는 밥 다 먹고 '아, 기도를 안했구나! 하나님 아버지, 죄송해요. 지금 할게요'라고 말씀드리기도 했습니다. 이렇게 한걸음씩 밥 먹을 때 기도하는 것을 배워서 요즘은 잘합니다.

성령님과 교제하는 것도 자꾸 잊어버립니다.

습관이 안 되어 내가 먼저 급하게 일을 처리한 다음에 '또 성령님께 물어보지 않았구나!' 하는 마음이 들어 용서를 구합니다.

"성령님, 죄송해요 다음엔 꼭 물어보고 하겠습니다."

나는 이렇게 하나님께 말을 걸고 대화합니다.

〈성령을 체험하라〉는 김열방 목사님의 책을 읽고 나도 24시간 모든 것을 성령님께 묻기로 했습니다. 큰 것도 묻고 작은 것도 묻기로 했습니다. 평생을 성령님과 교제하기로 했습니다.

그 결과 지금은 내 인생의 순간순간을 성령님과 함께 하며 기적을 체험하며 살고 있습니다. 나는 세상 모든 사람들이 나처럼 성령님과 교제하며 주님께 영광 돌리는 삶을 살게 해주고 싶습니다. 그래서 나도 김열방 목사님처럼 책을 써내게 되었습니다.

"예수님이 십자가에서 다 이루었다"(요 19:30)는 온전한 복음을 온 세상에 전하고, 성령의 나타남으로 생명을 살리고 오직 성령님만 높이는 김열방 목사님의 귀한 책을 읽게 해주신 하나님께 감사드립니다. 나는 이 책을 옆에 두고 계속 읽고 싶습니다.

당신도 〈성령을 체험하라〉는 책을 꼭 읽어보십시오. 어두움에서 빛으로 옮겨지고 찬란한 인생, 황홀한 인생으로 살 수 있게 될 것입니다. 성령님은 나의 애인이며 나의 최고입니다.

"성령님, 사랑합니다."

성령 안에서 나는 천재다

당신은 자신을 어떻게 생각하십니까?

나는 하나님의 은혜로 천재작가가 되었습니다.

내 인생에 처음으로 〈저절로 잘되는 나〉라는 멋진 제목으로 책을 써낸 것입니다. 그 책 표지의 프로필에는 내 이름이 있고 그 옆에 '천재작가'라고 적혀 있습니다. 그때 나는 생각했습니다.

'아휴, 나는 천재도 아니고, 아직 작가도 아니고, 난 아닌데, 저절로 잘되는 나도 아닌데, 어쩌지?'

그런 마음이 내 안에 있었습니다.

그런데 내가 볼 때는 아니지만 하나님이 보실 때는 천재입니다. 하나님이 보실 때는 모든 것이 저절로 잘되는 나였습니다.

어느 날 〈천재멘토 김열방의 꿈 성취 비결〉이라는 책을 읽는데 그 책에 "천재라고 믿으면 천재가 된다. '나는 천재다'라고 말하라"고 적혀 있었습니다. 그래서 그대로 했는데 진짜 내가 천재가 되었습니다. 나는 새벽에 글을 조금씩 쓰면서 한자가 쓰고 싶어서 한 단어씩 알아 가고 있습니다. 하루는 "나는 천재야, 천재야"라고 중얼거리며 한자를 쓰는데 놀랍게도 한자를 몇 번만 쓰면 내게 딱 달라붙고 이상하게도 잊어지지 않고 너무 쉽게 잘 쓰게 해주셨습니다. 기억력과 이해력과 집중력이 증가한 것입니다.

하나님이 지혜를 주셔서 너무 쉽고 재밌게 한자를 정확하게 쓰며 알아 가고 있습니다. 성령님과 함께 한자도 쓰고 또 이렇게 책까지 쓸 수 있게 해주신 하나님 아버지께 감사드립니다.

성령님은 어떤 분이실까요?

"그의 위에 여호와의 영 곧 지혜와 총명의 영이요 모략과 재능의 영이요 지식과 여호와를 경외하는 영이 강림하시리니."(사 11:2)

그렇습니다. 성령님은 지혜와 총명의 영이요 모략과 재능의 영이요 지식과 여호와를 경외하는 영이십니다. 그러한 성령님이 내 안에 계시니까 나는 천재입니다. 당신도 천재입니다.

믿음으로 이렇게 선포하십시오. 그러면 지혜의 문이 열립니다.

"나는 천재다. 내 안에 하나님의 지혜가 가득하다."

당신은 지혜 없는 자가 아닌 지혜 있는 자입니다.

"지혜 있는 자는 궁창의 빛과 같이 빛날 것이요 많은 사람을 옳은 데로 돌아오게 한 자는 별과 같이 영원토록 빛나리라."(단 12:3)

성령 안에서 나는 시시한 것과 지는 것이 싫다

당신은 살아가면서 무엇을 선택하십니까?

나는 항상 하나님이 주시는 최고의 것과 이김을 선택합니다.

"너는 내게 부르짖으라. 내가 네게 응답하겠고 네가 알지 못하는 크고 비밀한 일을 네게 보이리라."(렘 33:3)

"이 모든 일에 우리를 사랑하시는 이로 말미암아 우리가 넉넉히 이기느니라."(롬 8:37)

나는 이 두 말씀을 붙잡고 삽니다. 나는 크고 비밀한 것을 주시고 넉넉히 이기게 하시는 하나님을 믿습니다. 난 새벽에 매일 하나님께 얘기합니다. 시시한 것이 싫고 지는 것도 싫다고.

"내 안에 성령님이 계시고 나는 하나님의 자녀니까 가장 좋은 것을 받아 누리고 넉넉히 이기며 사는 것이 맞죠? 하나님."

그랬더니 정말 하나님께서 내게 가장 좋은 것으로 주시고 모든 어려움을 넉넉히 이기며 살게 해주셨습니다. 때로는 너무 신기해서 깜짝깜짝 놀라기도 합니다. 내가 생각하고 말한 대로 기도한 대로 다 이루어 주시는 하나님께 감사드립니다.

당신은 하나님께 어떤 것을 구합니까?

하나님은 최고를 구하면 최고를 주시고 최하를 구하면 최하를 주십니다. 기왕이면 최고를 구하십시오. 당신은 하나님의 자녀이기 때문에 하나님께로부터 최고를 받아 누릴 자격이 있습니다.

하나님은 그분의 자녀인 당신을 위해 최고를 준비하셨습니다.

"기록된 바 하나님이 자기를 사랑하는 자들을 위하여 예비하신 모든 것은 눈으로 보지 못하고 귀로 듣지 못하고 사람의 마음으로 생각하지도 못하였다 함과 같으니라."(고전 2:9)

하나님이 준비하신 최고의 것은 무엇일까요?
예수님이 십자가에서 다 이룬 온전한 복음입니다.
사도 바울은 복음을 굳게 붙잡겠다고 결심했습니다.

"내가 너희 중에서 예수 그리스도와 그가 십자가에 못 박히신 것 외에는 아무 것도 알지 아니하기로 작정하였음이라."(고전 2:2)

온전한 복음은 두 가지입니다.
첫째, 당신 안에 예수 그리스도가 살아 계신다는 것입니다.
둘째, 예수님이 십자가에서 다 이루었다는 것입니다.

이러한 온전한 복음을 믿고 선포하십시오.
예수님은 당신의 죄와 목마름, 병과 가난, 어리석음과 징계와 죽음을 다 짊어지고 십자가에서 피와 땀과 눈물을 흘리며 값을 지불하고 죽으셨습니다. 그분이 외치셨습니다.
"다 이루었다."(요 19:30)
그리고 예수님은 죽은 지 사흘 만에 부활하셨습니다.

그 예수님이 지금 당신 안에 성령으로 살아 계십니다. 당신 안에 실제로 살아 계신 예수 그리스도는 어떤 분이실까요?

당신의 의와 성령 충만, 건강과 부요함, 지혜와 평화와 생명이 되십니다. 그러므로 당신은 매일 이렇게 고백해야 합니다.

"나는 의인이다."
"나는 성령 충만하다."
"나는 건강하다."
"나는 부요하다."
"나는 지혜롭다."
"나는 평안하다."
"나는 생명을 얻었다."

이렇게 쉬운 복음을 모르고 예전엔 많이 힘들게 살았습니다.

그러나 이제는 인생이 너무 쉽고 재밌습니다. 내 안에 성령님이 계시고 내가 하나님의 자녀이니까요. 하나님이 주신 가장 큰 선물은 그리스도 안에서 새로운 피조물이 된 내 인생입니다.

인생은 작품이죠. 인생은 소풍 가는 것, 인생은 기적이요, 인생은 황홀하고. 찬란하고 눈부신 것입니다. 휘황찬란한 인생, 초콜릿 인생, 전무후무한 인생, 믿음의 대가의 인생, 날마다 하나님은 내게 "인생은 이런 거야" 하고 가르쳐 주십니다.

그러면 나는 이렇게 말합니다.

"하나님이 좋아요. 좋아요."

"예수님이 좋아요. 좋아요."

"성령님이 좋아요. 좋아요."

그리고 또 글로 씁니다.

이제 남은 인생, 얼마나 크고 비밀한 것을 주실까 하고 성령님께 날마다 물어봅니다. 신나고 멋진 내 인생, 성령님께서 하루하루를 어떻게 열어 주시고 만들어 가실지 굉장히 기대됩니다.

날마다 새롭고 놀라운 것으로 주시는 하나님, 내가 알지 못하는 가장 좋은 것으로 주시는 하나님, 모든 것을 생각나게 하시고 들어주시고 보여주시고 역사해 주시는 하나님 아버지, 감사드립니다. 예수님, 감사드립니다. 성령님, 감사드립니다. 사랑합니다.

당신도 성령님을 의지하면 그렇게 해주십니다.

성령님께 물으십시오. 날마다 성령님과 교제하십시오.

생각으로 말과 글로 성령님과 교제하십시오.

그러면 최고의 삶, 최대의 삶, 최상의 삶을 살 수 있습니다.

"하나님, 이 책을 읽는 모든 사람이 성령님과의 친밀한 교제가 열리게 해주세요. 예수님 이름으로 기도 드립니다. 아멘."

당신도 성령 안에서 책을 써라

당신은 책을 써 보셨습니까?

나는 이 책을 포함해서 벌써 3권의 책을 써냈습니다.

내가 쓴 책이 전국과 세계를 다니며 복음을 전하고 있습니다.

내가 쓴 다른 두 권의 책 〈저절로 잘되는 나〉와 〈책 쓰기로 선교하라〉도 꼭 구입해서 읽어보기 바랍니다. 그리고 당신도 책 쓰기의 꿈을 가지기 바랍니다. 인생은 꿈대로 믿음대로 다 됩니다.

나는 책 쓰기의 꿈을 가졌고 믿음으로 구했습니다.

"그러므로 내가 너희에게 말하노니 무엇이든지 기도하고 구하는 것은 받은 줄로 믿으라. 그리하면 너희에게 그대로 되리라."(막 11:24)

나는 받았다고 믿고 책을 쓰기 시작했고 출간했습니다.

당신도 믿음으로 책을 쓰겠다고 선포하면 쓸 수 있습니다.

사실 나는 책을 읽는 것도 쓰는 것도 별로 좋아하지 않았습니다. 그런데 하나님이 할 수 있도록 이끌어 주셨습니다. 성령님을 알고 싶고 성령님과 친하고 싶어서 성령님을 찾다 보니까 성령님과 친한 김열방 목사님을 책으로 만나게 해주셨고 또 책까지 쓰게 해주셨습니다. 당신도 성령님과 함께 책을 쓰십시오.

이 세상 살면서 성령님과 친하면 못할게 아무 것도 없습니다.

성령님과 함께 믿음으로 선포하면 책을 쓸 수 있습니다.

김열방 목사님은 내게 "만사를 제쳐 두고 책부터 써내라. 책을 써내면 인생이 바뀐다"고 강력하게 말씀하셨습니다.

"책을 써라. 지금 써라. 지금 써야 된다."

계속 책을 쓰라고 하시기에 나는 '왜 저러실까?' 했는데 몇 권의 책을 써내고 보니 이제 나도 그렇게 말하고 싶습니다.

"당신도 책을 쓰세요. 지금 쓰세요."

성경에 나오는 모든 인물들이 마지막에는 책을 썼습니다.

모세는 열 가지 기적을 통해 이스라엘 백성들을 출애굽 시키고 광야의 길에서 수많은 기적을 행했지만 결국엔 책을 썼습니다.

다윗, 솔로몬, 이사야, 예레미야, 베드로, 요한, 바울 등 모두 책을 썼습니다. 그들은 모두 하나님이 자기에게 주신 복음 안에서의 삶과 깨달음을 책에 담아 책으로 전도하고 선교했습니다.

성경 기록은 신구약 66권으로 끝났지만 하나님은 여전히 성경을 깨닫고 실천한 사람들의 책을 통해 많은 일을 행하고 계십니다. 한 장의 전도지를 나눠주는 것도 하나님이 기뻐하시는 일이지만 하나님을 만난 당신의 삶과 깨달음을 담은 두꺼운 책을 써내 전도하고 선교하는 것은 하나님이 더욱 기뻐하시는 일입니다.

하나님이 기뻐하시는 책 쓰기를 하십시오.

책을 써내는 것은 지금 해야지 내일이 아닙니다.

내일은 내 날이 아닙니다. 지금 순종하십시오.

나중에 하겠다, 다음에 하겠다고 자꾸 미루면 할 수 없습니다.

지금 쓰십시오. 지금요. 지금 하지 않으면 언제 하겠습니까?

"지금 하지 않으면 언제 하겠는가?"

지금 책을 써내 책으로 온 천하에 복음을 전하십시오.

율법주의 책이 아닌 온전한 복음의 책을 써내십시오.

예수님이 십자가에서 다 이루었다는 온전한 복음이 담긴 책을 써내면 나도 살고 어둠속에서 방황하는 수많은 사람들이 그 책에 담긴 복음의 빛으로 말미암아 살아나고 치유되고 회복됩니다.

책의 힘은 어마어마합니다. 책부터 써내야 합니다.

"난 책을 못 써"라고 말하지 마십시오. "난 책을 쓸 수 있다"고 말하십시오. 믿음으로 선포하면 당신도 책을 쓸 수 있습니다.

당신이 "난 책을 쓸 수 있어"라고 믿음으로 말하면 성령님께서 책을 쓸 수 있도록 모든 지혜와 총명을 넘치게 하실 것입니다.

"너희 말이 내 귀에 들린 대로 내가 너희에게 행하리니."(민 4:28)

성령의 바람이 내 인생에 불고 있다

성령의 바람

성령의 바람이 분다.

성령의 바람은
구원의 바람
희망의 바람
치유의 바람
회복의 바람
기적의 바람.

성령의 바람이
개인에게
가족에게

교회 안에
온 세상에 분다.

나는 오늘도
성령의 바람을 따라 산다.
성령으로 시작하고
성령으로 살다가
성령으로 끝나는 내 인생.

나는 오늘도
성령의 바람으로
최고의 인생
최대의 인생
최상의 인생을 산다.

성령의 바람으로
하나님을 기쁘시게
세상을 아름답게.

성령님과 함께 하고 싶은 거 다 하며 멋지게 살라

하고 싶은 거 다하며 멋지게 살라

당신은 무엇을 두려워하고 있습니까?

예전에 나는 비판, 실패에 대한 두려움으로 못하는 것이 많았습니다. 시도해 보기도 전에 부정적으로 생각하며 포기하곤 했습니다. 해보고 싶은 것, 갖고 싶은 것은 많았으나 '비난 받으면 어쩌지? 실패하면 어쩌지?'라는 부정적인 생각으로 움츠렸습니다.

"내가 책을 여러 권 써도 되나? 강연해도 되나? 사업해도 되나? 코치해도 되나? 집을 사도 되나? 땅을 사도 되나? 자녀를 낳아도 되나? 여행 가도 되나? 예쁜 옷을 사서 입어도 되나? 돈을 많이 벌어도 되나? 하나님의 종으로 말씀을 전해도 되나?"라며 망설이며 고민했습니다. 그런 내게 성령님께서 말씀하셨습니다.

"왜 안 돼? 다 된다. 죄 짓는 것만 아니면 다 해라. 다 해도 된다. 하나님의 자녀로 궁상떨지 말고 멋지게 살라. 온 천하에 다니며 말씀을 전파하라. 책도 한 권만 쓰지 말고 수십 권 써라. 사업도 하고 돈도 많이 벌어라. 집도 수십 채 사고 땅도 수백만 평 사라. 자녀도 한 명이 100조 원짜리 대기업이니 한 명만 낳지 말고 여러 명 낳아라. 여행도 국내만 가지 말고 해외도 가라. 멋진 옷도 사서 입어라. 한번뿐인 소중한 인생, 하고 싶은 거 다하며 멋지게 살아라. 내게 구하라. 내가 다 줄게."

하나님은 우리에게 큰 꿈을 가지라고 말씀하십니다.

"나는 너를 애굽 땅에서 인도하여 낸 여호와 네 하나님이니 네 입을 크게 열라 내가 채우리라 하였으나."(시 81:10)

하나님은 천지를 창조하신 분이며 우주의 재벌 총수이십니다.

"태초에 하나님이 천지를 창조하시니라."(창 1:1)

"만물이 그에게 창조되되 하늘과 땅에서 보이는 것들과 보이지 않는 것들과 혹은 보좌들이나 주관들이나 정사들이나 권세들이나 만물이 다 그로 말미암고 그를 위하여 창조되었고 또한 그가 만물보다 먼저 계시고 만물이 그 안에 함께 섰느니라."(골 1:16~17)

나는 하나님의 자녀로 하나님 아버지께 원하는 것을 제한 없이 마음껏 구했습니다. 꿈과 소원 목록을 수백 가지 이상 적었는데 하나님께서 거절하지 않고 더 크고 멋지고 좋은 것으로 넘치게 이루어 주셨습니다. 몇 가지는 지금도 계속 이루어 주고 계십니다.

신기하게도 내가 입을 열어 한마디만 구해도, 공책에 적기만 해도 하나님께서 모두 이루어 주셨습니다. 모두 하나님의 은혜입니다. 내 인생은 날마다 기적이 팡팡 터지고 있습니다.

당신도 나처럼 날마다 기적을 경험하며 살고 싶지 않나요?

그러려면 하나님의 자녀가 되면 됩니다. 하나님의 자녀가 되는 방법은 쉽습니다. 예수님을 구주로 믿으면 죄를 사함 받고 성령으로 거듭나 하나님의 자녀가 됩니다. 이렇게 믿고 말하십시오.

"나는 예수님을 나의 구주로 믿습니다. 아멘."

축하합니다. 당신은 하나님의 자녀가 되었고 천국에 넉넉히 들어가며 하늘나라 시민권을 얻게 되었습니다. 예수님께서 당신의 모든 죄, 목마름, 병, 가난, 어리석음, 징계, 죽음을 십자가에서 짊어지고 "다 이루었다"(요 19:30)고 외치며 죽으셨습니다.

그분이 당신의 모든 문제를 십자가에서 다 해결하셨습니다.

"그가 찔림은 우리의 허물을 인함이요 그가 상함은 우리의 죄악을 인함이라. 그가 징계를 받음으로 우리가 평화를 누리고 그가 채찍에 맞음으로 우리가 나음을 입었도다."(사 53:5)

"믿는 자는 영생을 가졌나니."(요 6:47)

예수님을 믿음으로 말미암아 당신의 모든 죄악, 상처, 형벌, 징계, 질병, 저주가 다 사라졌습니다. 당신은 그리스도 안에서 의, 성령 충만, 건강, 부요, 지혜, 평화, 생명을 얻게 되었습니다.

"그런즉 누구든지 그리스도 안에 있으면 새로운 피조물이라. 이전 것은 지나갔으니 보라 새것이 되었도다."(고후 5:17)

당신에게 죄가 없습니다. 목마름이 없습니다. 병이 없습니다. 가난이 없습니다. 어리석음이 없습니다. 징계가 없습니다. 죽음이 없습니다. 하나님은 당신에게 상 주시는 분입니다.

"믿음이 없이는 하나님을 기쁘시게 하지 못하나니 하나님께 나아가는 자는 반드시 그가 계신 것과 또한 그가 자기를 찾는 자들에게 상주시는 이심을 믿어야 할지니라."(히 11:6)

그리스도 안에 있는 당신에게 의의 상, 성령 충만의 상, 건강의 상, 부요의 상, 지혜의 상, 평화의 상, 생명의 상만 가득합니다.

당신은 의인입니다. 오직 믿음으로 사십시오.

"복음에는 하나님의 의가 나타나서 믿음으로 믿음에 이르게 하나니 기록된바 오직 의인은 믿음으로 말미암아 살리라 함과 같으니라."(롬 1:17)

당신의 인생은 복된 인생, 대박 난 인생이 되었습니다.

당신이 예수님을 구주로 믿는 순간 예수님의 영이신 성령님께서 천국을 가지고 당신 안에 가득히 들어와 살아 숨 쉬고 계십니다. 지금 당신 안에 성령님께서 실제로 살아 계십니다.

이 사실을 믿으십시오.

"나를 믿는 자는 성경에 이름과 같이 그 배에서 생수의 강이 흘러나오리라 하시니 이는 그를 믿는 자들이 받을 성령을 가리켜 말씀하신 것이라."(요 7:38~39)

"볼지어다. 내가 세상 끝 날까지 너희와 항상 함께 있으리라."(마 28:20)

우주의 재벌 총수이며 대기업 회장이신 성령님께서 당신과 함께 계시며 당신의 영원한 후원자, 공급자, 도움, 방패가 되십니다. 그렇다면 이제 당신은 어떤 삶을 살게 될까요?

첫째, 당신의 인생에는 복만 가득합니다.

두려워하지 말고 믿기만 하십시오. 두려워하지 말고 날마다 하나님의 기적을 기대하며 두근거리는 마음으로 사십시오.

"두려워하지 말고 믿기만 하라."(눅 8:50)

둘째, 전능하신 하나님께 구하면 다 주십니다.

당신의 진짜 아버지는 전능하신 하나님이십니다. 하나님 아버지께 무엇이든 구하면 다 주십니다. 죄 짓는 것만 아니면 무엇이든 다 하고, 무엇이든 제한하지 말고 거침없이 구하십시오.

"내게 구하라. 내가 열방을 유업으로 주리니 네 소유가 땅 끝까지 이르리로다."(시 2:8)

셋째, 성령님과 함께 복음을 전하며 전도하십시오.

세상에서 가장 귀하고 가치 있는 일은 영혼을 구원하는 것입니다. 전도하는 것은 하나님의 절대적인 뜻입니다.

한번뿐인 소중한 인생, 하나님의 자녀로 하고 싶은 거 다하며 멋지게 사십시오. 그리고 가장 가치 있는 영혼을 살리는 복음 전도자의 삶을 살기 바랍니다. "너희는 온 천하에 다니며 만민에게 복음을 전파하라."(막 16:15)

하나님의 말씀을 듣고 최고의 삶을 살라

당신은 하나님께 무엇이든 구합니까?

나는 하나님께 무엇이든 구합니다. 하나님 아버지는 우주 재벌 총수이시며 하나님의 딸인 나도 재벌입니다. 하나님의 뜻은 그분의 자녀가 비참하게 살지 않고 비옥하게 사는 것입니다.

부는 '부요 믿음'에서 나옵니다. 당신이 부요 믿음으로 살면 하나님께서 그 믿음대로 시간이 지나면 반드시 복을 주십니다. 그러니 살면서 궁상떨지 말고, 없다고 말하지 말고, 힘들다고 말하지 말아야 합니다. 하나님께서 어떻게든 넘치게 공급하십니다.

하나님은 당신의 기도에 반드시 응답해 주시는 분입니다.

하나님은 그분의 자녀인 당신에게 어마어마한 복을 주십니다.

며칠 전 주일 예배 시간에 김열방 목사님께서 성도들에게 안수기도를 해주셨습니다. 나도 앞으로 나가 기도를 받았습니다.

목사님께서 내 머리에 손을 얹고 말씀하셨습니다.

"내가 너를 나의 종으로 택하였노라. 너는 전국과 세계를 다니며 말씀을 전하게 될 것이다. 담대하라."

나는 목사님을 통해 말씀하시는 하나님의 음성을 듣고 감격하고 감사했고 나도 모르게 눈물이 폭포수처럼 나왔습니다.

설교 시간에 목사님께서 그동안 자신이 받은 능력에 대해 말씀하셨습니다. 하나님께 말을 잘하게 해 달라고 구했더니 하나님께서 "나는 네게 말 잘하는 능력을 주었다. 너는 말을 잘하게 될 것이다. 입을 열어 말씀을 전파하라"고 말씀하셨고 하나님께서 목사님에게 구변을 주셔서 말을 잘하게 되었다고 했습니다. 김열방 목사님은 "세상에 어려운 것은 없다. 다 쉽다"고 말씀하셨습니다.

그렇습니다. 성령님과 함께 하면 어려운 것이 없고 다 쉽습니다. 나도 하나님께 말 잘하는 능력을 구했습니다.

"하나님, 천재적인 구변을 주세요. 받았음, 감사합니다."

당신도 하나님께 지혜와 구변을 구하십시오. 주십니다.

"너희 중에 누구든지 지혜가 부족하거든 모든 사람에게 후히 주시고 꾸짖지 아니하시는 하나님께 구하라. 그리하면 주시리라. 오직 믿음으로 구하고 조금도 의심하지 말라. 의심하는 자는 마치 바람에 밀려 요동하는 바다 물결 같으니, 이런 사람은 무엇이든지 주께 얻기를 생각하지 말라."(약 1:5~7)

"주 여호와께서 학자들의 혀를 내게 주사 나로 곤고한 자를 말로 어떻게 도와줄 줄을 알게 하시고 아침마다 깨우치시되 나의 귀를 깨우치사 학자들같이 알아듣게 하시도다."(사 50:4)

성령님께서 내게 말씀하셨습니다.

"무엇이든 포기하지 마라. 주위 사람들의 말을 듣고 수준을 낮추지 마라. 하나님의 말씀을 듣고 최고의 삶을 살라. 예수 이름으로 무엇이든 구하라. 구하면 받으리니 기쁨이 충만하리라."

이 말씀은 예수님이 제자들에게 하신 말씀입니다. "지금까지는 너희가 내 이름으로 아무것도 구하지 아니하였으나 구하라. 그리하면 받으리니 너희 기쁨이 충만하리라."(요 16:24)

하나님은 신비한 분입니다. 어느 날 하나님께서 손가락 하나 까닥하시면 사람이 완전히 달라집니다. 기적이 일어납니다.

포기하지 말고 예수 이름으로 무엇이든 담대히 구하십시오.

"내가 진실로 진실로 너희에게 이르노니 나를 믿는 자는 내가 하는 일을 그도 할 것이요 또한 그보다 큰일도 하리니 이는 내가 아버지께로 감이라."(요 14:12)

예수 이름으로 명하노니 방언을 말하라

당신은 방언을 받았습니까?

나는 방언을 받았습니다. 하지만 예전에는 막연했습니다.

'나도 방언을 받아야 하는데, 방언으로 기도해야 하는데.'

나는 방언을 간절히 사모했고 하나님께 구했습니다.

"하나님, 방언을 주세요. 받았음, 감사합니다."

"구하라, 그리하면 너희에게 주실 것이요. 찾으라, 그리하면 찾아낼 것이요. 문을 두드리라, 그리하면 너희에게 열릴 것이니."(마 7:7) "무엇이든지 기도하고 구하는 것은 받은 줄로 믿으라. 그리하면 너희에게 그대로 되리라."(막 11:24)

어느 날 주일 예배 시간에 김열방 목사님께서 기도, 상담, 심방 요청서에 기도 제목으로 꿈, 소원, 병 고침, 은사, 천배의 복 등을 작성해서 제출하라고 하셨습니다. 나는 요청서에 기도 제목을 작성해서 목사님께 드리며 기도를 부탁했습니다.

1. 21가지 모든 은사의 나타남.

2. 세계적인 복음 전도자, 치유 사역자가 되었음.

3. 잠실에 40평대 쾌적하고 밝고 환한 최고급 아파트와 고급 빌라 샀음. 빌딩 100채 샀음. 땅 100만 평 샀음.

4. 믿음의 자녀를 많이 낳았음.

5. 가족 모두 평생 천국을 풍성히 누리며 하나님을 경외하는 믿음의 명문가가 되었음. 모두 세계적인 복음 전도자가 되었음. 모두 서울 목자교회에서 예배하게 되었음.

6. 올해 100억 들어왔음. 수입 파이프 라인을 여러 개 만들었음. 매일 1억, 10억씩 들어왔음.

7. 남편 직장 송파구로 옮겼음.

8. 시부모님과 부모님께 매달 용돈 200만 원씩 드렸음.

9. 자손 천대까지 억만 배의 복을 받았음.

다 이루어졌음. 감사합니다.

그리고 성령의 나타남과 방언을 위해 목사님께 안수 기도를 부탁드렸습니다. 목사님께서 내 머리에 손을 얹고 기도해 주셨습니다. 성령님께서 목사님을 통해 말씀하셨습니다.

"내 사랑하는 딸아, 내가 너를 한없이 사랑하노라. 내가 너와 함께 하느니라. 내가 너를 나의 종으로 불렀으니 너는 전국과 세계를 다니며 말씀을 전파하게 되리라. 네 손에 병 고치는 능력을 주었노라. 네 입술에 권세를 주었노라. 너에게 지혜를 주었노라. 너에게 믿음의 은사를 주었노라. 너에게 강하고 담대한 마음을 주었노라."

나는 감격하고 감사했으며 주님의 말씀에 "아멘" 했습니다.

이어서 또 말씀하셨습니다.

"내 딸아, 네 마음의 소원이 이루어졌느니라."

나는 "아멘" 했습니다. 그리고 계속 기도하는 중에 내 입술에서 방언이 터졌고 영이 불타오르며 뜨거운 눈물이 터졌습니다.

나는 기쁘고 감격하고 감사했습니다. 신세계를 경험했습니다. 이제는 입만 열면 방언이 랄랄라 나옵니다. 성령님께 억만 번이나 감사합니다. 기도해 주신 목사님께도 억만 번이나 감사합니다.

"바울이 그들에게 안수하매 성령이 그들에게 임하시므로 방언도 하고 예언도 하니……."(행 19:6)

"이 모든 일은 같은 한 성령이 행하사 그의 뜻대로 각 사람에게 나누어 주시는 것이니라."(고전 12:11)

나는 매일 습관적으로 방언을 말합니다.

입을 열면 방언이 술술 나옵니다. 정말 신기합니다.

사도 바울은 이렇게 고백했습니다.

"내가 너희 모든 사람보다 방언을 더 말하므로 하나님께 감사하노라."(롬 14:18)

사람들은 방언이 단순하니까 우습게 여깁니다. 방언을 우습게 여기면 안 됩니다. 방언은 영의 기도입니다. 영으로 하나님께 비밀을 말하는 것입니다. 영의 기도가 가장 수준 높습니다.

"방언을 말하는 자는 사람에게 하지 아니하고 하나님께 하나니 이는 알아듣는 자가 없고 영으로 비밀을 말함이라."(고전 14:2)

방언으로 기도하면 영이 살아나며 기적이 일어납니다. 귀신이 쫓겨 나가고 병이 떠나갑니다. 마음으로 기도하는 것보다 영으로 기도하는 게 우선입니다. 영이 강해야 마음과 몸도 강해집니다.

"내가 만일 방언으로 기도하면 나의 영이 기도하거니와 나의 마음은 열매를 맺히지 못하리라. 그러면 어떻게 할꼬? 내가 영으로 기도하고 또 마음으로 기도하며 내가 영으로 찬미하고 또 마음으로 찬미하리라."(고전 14:14~15)

당신도 하나님께 기도하고 응답 받으십시오.

첫째, 하나님께 무엇이든 구하십시오.

둘째, 기도하고 구한 것은 받았다고 믿으십시오.

셋째, 예수 이름으로 명령하십시오.

"예수 이름으로 명하노니 방언을 말하라."

그리고 혀, 입, 목소리 전부 성령님께 맡기고 방언을 말하기 시작하십시오. 믿음으로 방언을 말하기 시작하면 됩니다.

"믿는 자들에게는 이런 표적이 따르리니 곧 그들이 내 이름으로 귀신을 쫓아내며 새 방언을 말하며."(막 16:17) "내 이름으로 무엇이든지 내게 구하면 내가 행하리라."(요 14:14)

'영마몸'(영, 마음, 몸)의 세 가지 기도가 있습니다. 그 중에서 영의 기도가 가장 중요하고 강력합니다. 그러므로 당신도 영으로 기도하기 바랍니다. 순간마다 습관적으로 영으로 기도하십시오.

예수 이름으로 명령하면 기적이 일어난다

당신은 예수 이름을 자주 사용합니까?

사람들은 자기가 갖고 있는 것 중에 가장 귀한 것 곧 '예수 이름'을 사용하지 않습니다. 예수 이름으로 구하지 않고 명령하지 않습니다. 그러면서 없다고 불평하고 원망하며 울고 앉아 있습니다. 당신은 최근에 언제 예수 이름을 사용했습니까?

예수 이름은 만왕의 왕이신 하나님께서 주신 인감도장입니다.

예수 이름으로 무엇이든 구하면 하나님께서 다 주십니다. 하나님의 공급 파이프는 75억 가지가 넘습니다. 하나님의 자녀는 평생 부요하게 삽니다. 그러니 궁상떨지 말고 부요하신 하나님만 바라보며 부요 믿음으로 살아야 합니다. 하나님은 쓰고 또 쓰고 또 써도 계속 넘치게 주십니다. 모든 은혜를 넘치게 하십니다.

"하나님이 능히 모든 은혜를 너희에게 넘치게 하시나니 이는 너희로 모든 일에 항상 모든 것이 넉넉하여 모든 착한 일을 넘치게 하게 하려 하심이라."(고후 9:8)

하나님께서 우리에게 다 주셨습니다. 우리는 다 가졌습니다.

"만물이 다 너희 것임이라"(고전 3:21)는 말씀대로 "나는 부요해. 억만장자야"라는 부요 믿음으로 살며 무엇이든 예수 이름으로 명령하면 필요한 것이 기적적으로 들어옵니다. 하나님이 어떻게든 당신의 모든 쓸 것을 채우십니다. "내 이름으로 무엇이든지 내게 구하면 내가 행하리라"(요 14:14)고 약속했기 때문입니다.

나는 최근에 또 기적을 경험했습니다. 지금 쓰고 있는 압력 밥솥이 크기가 너무 작아서 새로운 압력 밥솥이 필요했습니다. 그래서 하나님께 구하고 예수 이름으로 들어오라고 명령했습니다.

"하나님, 새로운 압력 밥솥 주세요. 예수 이름으로 명하노니 내가 원하는 압력 밥솥은 생겨라."

기도하고 구한 것은 받았다고 믿고 감사함으로 기다렸습니다.

며칠 지나고 친정에 가게 되었는데 어머니께서 압력 밥솥 큰 것과 중간 크기의 것을 2개나 사놓으셨습니다. 하나님께서 내게 있어야 할 줄 아시고 크기가 다른 걸로 2개를 어머니를 통해 주신 것입니다. 기적이 일어났습니다. 나는 기뻐 뛰었습니다. 지금은 압력 밥솥이 종류별로 생겨 3개나 되었습니다.

또 다른 기적이 있습니다. 나는 외식을 즐기지 않고 집밥을 가장 좋아합니다. 집밥이 100만 원짜리 고급 호텔 음식보다 더 맛있습니다. 그런데 어느 날 피자가 너무 먹고 싶었습니다. 요새 파는 대부분의 피자는 미국산 밀가루로 만든 거라 안 먹습니다.

나는 생각했습니다. '우리밀로 만든 피자 어디 없나?'

그러다 우연히 한 피자집을 알게 되었습니다. 인터넷으로 검색해 보니 생긴 지 10년이 넘은 체인점 피자집이고 우리나라 흑미로 손 반죽하여 피자를 만드는 곳이었습니다. 그래서 돼지고기가 들어가지 않은 것, 야채와 소불고기와 치즈가 듬뿍 들어간 피자를 주문했는데 아주 맛있게 잘 먹었습니다. 내 생각을 아시는 성령님께서 건강한 재료로 만든 피자집을 알게 해주신 것입니다.

성령님은 한마디만 해도, 생각만 해도 넘치게 주십니다.

당신도 하나님께 무엇이든 구하십시오. 예수 이름으로 명령하십시오. 당신도 나처럼 하나님이 자녀로서 구하는 것마다 모두 응답 받는 행복하고 기쁨이 넘치는 인생을 살기 바랍니다.

"무엇이든지 기도하고 구하는 것은 받은 줄로 믿으라. 그리하면 너희에게 그대로 되리라."(막 11:24)

안 되는 건 없다. 기도하면 다 된다

당신은 최근에 어떤 기적을 경험했습니까?

만왕의 왕이신 하나님께서는 그분의 자녀에게 모든 권세를 위임하셨습니다. 이 권세를 사용하면 기적이 일어납니다. "하늘과 땅의 모든 권세를 내게 주셨으니 그러므로 너희는 가서 모든 민족을 제자로 삼아 아버지와 아들과 성령의 이름으로 세례를 베풀고 내가 너희에게 분부한 모든 것을 가르쳐 지키게 하라. 볼지어다. 내가 세상 끝 날까지 너희와 항상 함께 있으리라."(마 28:18~20)

어느 날 어머니와 통화하던 중에 어머니께서 말씀하셨습니다.

"오빠가 허리가 아파서 회사에 못 갔대. 기도해 줘라."

나는 어머니 말씀을 듣고 하나님께 간절히 기도했습니다.

"하나님, 오빠를 깨끗이 고쳐 주세요. 나사렛 예수 그리스도의 이름으로 명하노니 오빠 허리는 깨끗이 나아라. 나았음, 감사합니다."

며칠 후에 오빠 허리가 깨끗이 나았습니다. 기적이 일어났습니다. 우리는 "할렐루야" 노래를 부르고 기뻐 뛰며 하나님을 찬양하고 감사했습니다. 또 다른 기적은, 어머니께서 집 한 채를 팔려고 내놓으셨는데 팔린 것입니다. 어머니께서 내게 말씀하셨습니다.

"집이 안 팔려서 걱정이다."

나는 말씀드렸습니다.

"걱정하지 마세요. 잘 팔렸어요. 무엇이든 예수 이름으로 명령하면 다 되요. 안 되는 게 없어요. 수준을 낮추지 말고 원하는 가격에 내놓고 예수 이름으로 구하면 되요."

나는 명령했습니다.

"예수 이름으로 명하노니 집은 원하는 가격에 당장 팔려라."

자고 깨고 자고 깨고 하는 중에 원하는 가격에 집이 팔렸습니다. 기적이 일어난 것입니다. 또 다른 기적이 있습니다.

어느 날 나는 하나님께 용돈을 달라고 구했습니다.

"하나님, 용돈 100만 원만 주세요. 예수 이름으로 명하노니 당장 100만 원이 들어와라."

놀랍게도 성령님께서 어떤 사람을 통해 100만 원을 입금해 주셨습니다. 기적이 일어난 것입니다. 나는 이렇게 날마다 기적을 경험하며 삽니다. 매일 기적이 일어나는 것이 정상입니다.

사람들은 예수 이름의 권세를 쓰지도 않고 가르치지도 않습니다. 예수 이름만으로 모든 것이 가능합니다. 잘못된 고정관념과 불신앙을 버리고 성경 말씀을 있는 그대로 믿어야 합니다.

어제 기적을 베푸신 예수님은 오늘도 기적을 베푸십니다.

"예수 그리스도는 어제나 오늘이나 영원토록 동일하시니라"(히 13:8)고 했기 때문입니다. 예수님은 지금 실제로 당신과 함께 계십니다. 그분은 지금 당신의 말을 듣고 그대로 응답하십니다.

금방 예수님을 믿고 구원받은 사람도 예수 이름으로 명령하면 큰 기적이 일어납니다. 크고 멋지게 말하지 않아도 됩니다. 작게 말해도 기적이 일어납니다. 화장실에서 명령하고, 설거지하면서 명령하고, 걸으면서 명령하십시오. 습관적으로 명령하십시오.

없다고 안 된다고 울고 있는 당신에게 주님께서 말씀하십니다.

"울지 말라. 내 이름으로 무엇이든지 구해라."

걱정하지 말고 당황하지 말고 무엇이든 예수 이름으로 담대히 구하십시오. 예수 이름으로 구하면 불가능한 일도 다 됩니다. "내

이름으로 무엇이든지 내게 구하면 내가 행하리라."(요 14:14)

일이 생기면 예수 이름을 맨 먼저 찾아라

당신은 예수 이름을 맨 먼저 찾습니까?

어느 날 나는 입안이 헐고 염증이 생겼습니다.

그러니 음식도 제대로 못 먹고 생활하는데 불편했습니다. 며칠을 고생했는데 주일 예배 시간에 설교 말씀이 떠올랐습니다.

"예수 이름으로 무엇이든 구하라."

예수님이 말씀하셨습니다.

"믿는 자들에게는 이런 표적이 따르리니 곧 그들이 내 이름으로 귀신을 쫓아내며 새 방언을 말하며 뱀을 집어 올리며 무슨 독을 마실지라도 해를 받지 아니하며 병든 사람에게 손을 얹은즉 나으리라 하시더라."(막 16:17~18)

김열방 목사님도 주일 예배 시간에 말씀하셨습니다.

"대부분 작은 문제입니다. 작은 걸로 스트레스 받지 말고 무엇이든 예수 이름으로 구하세요. 구하면 다 주십니다."

나는 예수 이름으로 명령했습니다.

"예수 이름으로 더러운 병은 떠나가라. 염증은 사라지고 깨끗이 나아라."

신기하게 몇 시간 뒤에 깨끗이 나았습니다. 염증, 통증이 흔적도 없이 사라졌습니다. 기적이 일어났습니다. 나는 "와, 하나님 감사합니다"라고 말하며 기뻐 뛰며 춤을 췄습니다.

나는 생각했습니다.

'진작 예수 이름을 사용할 걸.'

하나님께서 예수 이름을 주었어도 사용하지 않으면 아무 소용 없습니다. 실생활에서 앉으나 서나 누우나 걸으나 예수 이름을 사용하십시오. 하나님은 예수 이름으로 구한 것을 다 주십니다.

"너희가 내 이름으로 무엇을 구하든지 내가 행하리니 이는 아버지로 하여금 아들로 말미암아 영광을 받으시게 하려 함이라. 내 이름으로 무엇이든지 내게 구하면 내가 행하리라."(요 14:13~14)

성령님으로 말할 것 같으면 나의 슈퍼맨

당신은 선물을 받았습니까?

나는 선물을 받았습니다. 셀 수 없이 많이 받았습니다.

내게 깜짝 이벤트를 자주 해주시고 선물을 넘치게 주시는 분이 있습니다. 바로 이 세상에서 가장 멋지고 로맨틱한 성령님이십니다. 성령님은 나를 영원토록 떠나지 않고 항상 함께 계시며 나를 아껴 주시고 예뻐해 주고 사랑해 주시는 정말 좋은 분이십니다.

성령님께 사랑을 듬뿍 받고 사는 나는 최고의 행운아입니다.

성령님으로 말할 것 같으면 나의 가장 소중하고 좋은 친구, 내가 가장 사랑하는 애인, 내 영혼의 남편, 나의 최고의 코치, 나의 유능한 의사, 변호사, 나의 코디네이터, 스타일리스트, 나의 후원자, 동업자이십니다. 한마디로 성령님은 나의 슈퍼맨이십니다.

성령님은 나를 가장 잘 아십니다. 나의 과거, 현재, 미래를 다 아시는 분은 성령님이십니다. 나는 화이트데이 아침에 눈을 뜨자마자 성령님께 달콤한 사랑 고백을 받았습니다.

"나의 예쁜이, 나의 전부, 너와 나는 뗄 수 없는 사이."

나는 좋아서 웃었습니다.

"누가 우리를 그리스도의 사랑에서 끊으리요. 환난이나 곤고나 핍박이나 기근이나 적신이나 위험이나 칼이랴. 높음이나 깊음이나 다른 아무 피조물이라도 우리를 우리 주 그리스도 예수 안에 있는 하나님의 사랑에서 끊을 수 없으리라."(롬 8:35, 39)

성령님께서 내게 말씀하셨습니다.

"어떤 일이 있어도 두려워 말라. 놀라지 말라."

"두려워 말라. 내가 너와 함께 함이라. 놀라지 말라. 나는 네 하나님이 됨이라. 내가 너를 굳세게 하리라. 참으로 너를 도와주리라. 참으로 나의 의로운 오른손으로 너를 붙들리라."(사 41:10)

당신도 무슨 일을 만나든지 두려워하지 말기 바랍니다. 놀라지 말기 바랍니다. 눈에 보이는 현상은 다 지나갑니다. 현상은 허상이고 주님이 실상입니다. 현상은 티끌이고 주님은 크신 분이십니다. 크고 영원하신 주님만 변함없이 바라보면 됩니다.

당신은 그리스도 안에서 시간과 공간을 초월해 이미 모든 전쟁에서 이겼습니다. 믿음의 눈으로 바라보십시오. "자녀들아, 너희는 하나님께 속하였고 또 저희를 이기었나니 이는 너희 안에 계신 이가 세상에 있는 이보다 크심이라."(요일 4:4)

당신은 하나님의 것이므로 하나님이 책임지십니다.

"내가 너를 지명하여 불렀나니 너는 내 것이라."(사 43:1)

모든 것을 주님께 맡기면 주님이 다 하십니다.

당신은 주 안에서 편히 쉬기만 하면 됩니다.

"너의 길을 여호와께 맡기라. 저를 의지하면 저가 이루시고."(시 37:5) "네 짐을 여호와께 맡기라. 그가 너를 붙드시고 의인의 요동함을 영원히 허락하지 아니하시리로다."(시 55:22)

며칠 전에 나는 쥬얼리(jewelry) 화보를 보게 되었습니다.

순간 내 마음에 소원이 일어났습니다.

'와, 멋지다. 우아하고 세련돼 보인다. 액세서리를 하니까 미모를 돋보이게 하는구나. 나도 저런 귀걸이와 팔찌를 갖고 싶다.'

나는 하나님께 구했습니다.

"하나님, 귀걸이와 팔찌 여러 개 주세요. 귀걸이와 팔찌 여러 개 받았음. 감사합니다."

기도하고 구한 것은 받았다고 믿고 잊고 지냈는데 한 달 정도 후에 성령님께서 백화점에 가자고 하셨습니다. 백화점에 갔는데 귀걸이와 팔찌가 눈에 확 들어왔습니다. 내 마음에 들었습니다.

성령님께서 말씀하셨습니다.

"마음에 드는 것으로 다 사라."

나는 귀걸이 세 개와 팔찌 하나를 샀습니다.

나는 기뻤습니다. 그날은 나의 새 책 〈상처받지 않는 비결〉이 출간되는 날이었습니다. 성령님께서 말씀하셨습니다.

"축하 선물이다."

멋진 쥬얼리를 축하 선물로 주신 성령님께 감사드립니다.

당신도 가능합니다. 어떻게 하면 될까요?

첫째, 꿈과 소원을 제한 없이 마음껏 적으십시오.

당신이 얻지 못함은 구하지 않았기 때문입니다. 구해야 얻습니다. "너희가 얻지 못함은 구하지 아니함이요."(약 4:2)

둘째, 받았다고 믿고 감사하며 기다리십시오.

염려하고 근심하는 것은 교만이며, 믿지 않기 때문입니다.

믿음은 받았다고 믿는 것입니다. 받았다고 믿기 때문에 감사하는 것입니다. 기도하고 구한 것을 하나님께 맡기면 하나님께서 이루어 주십니다. 당신이 할 일은 하나님을 믿고 그분께 맡기기만 하면 됩니다. 하나님이 다 하십니다. 하나님은 믿음에 응답하십니다. 믿으면 상을 받습니다. 그러나 의심하면 일절 없습니다.

셋째, 꿈과 소원을 이루어 주시는 분은 성령님이십니다.

성령님께서는 정확한 때에 이루어 주십니다. 그러므로 당신은 오직 성령님의 인도하심을 받으면 됩니다. 인생은 꿈대로 믿음대로 기도한 대로 다 됩니다. "또 여호와를 기뻐하라. 저가 네 마음의 소원을 이루어 주시리로다."(시 37:4)

세상에서 가장 착한 일은 복음을 전하는 일이다

당신은 책 쓰기의 꿈이 있습니까?

나는 책 쓰기의 꿈을 이뤘고 여러 권의 책을 썼습니다.

평생 100권의 책을 쓴다는 꿈이 있습니다. 꿈을 꾸지 않으면 죽은 것과 같습니다. 꿈을 꾸어야 살아 있는 사람입니다. 나는 책 쓰기에 대한 꿈이 살아 있고 절대로 현실에 안주하지 않습니다.

내가 책을 쓰는 이유는 분명합니다. 책으로 복음을 전하기 위함입니다. 나는 새 책이 나올 때마다 도서관에 기증하고 있습니다. 어제는 〈상처받지 않는 비결〉을 기증했습니다.

그리고 옆집에 사시는 분이 가끔 과일이나 채소를 주시는데 그분께 선물을 드리고 싶은 마음에 성령님께 여쭈었더니 책을 선물로 드리라고 하셨습니다. 그래서 〈성령님과 교제하는 방법〉, 〈꿈과 소원 목록을 적으면 그대로 된다〉 두 권을 선물로 드렸습니다.

하나님께서 복음이 담긴 책을 쓰고 전하므로 전도하게 하십니다. 나는 생각합니다. '가장 귀한 선물은 복음이 담긴 책이다.'

며칠 전에 교회 카페 게시판에 새 책 〈나의 사랑하는 성령님〉의 표지가 올라왔습니다. 다음날 목사님께 연락이 왔습니다.

"하나님께 공동저자 등록비를 구하면 주십니다. 성령님께 여쭈어 보고 등록하라고 하시면 오늘 등록하세요."

성령님께 여쭈었더니 성경 말씀 두 개를 떠올려 주셨습니다.

"너희는 먼저 그의 나라와 그의 의를 구하라. 그리하면 이 모든 것을 너희에게 더하시리라."(마 6:33)

"나의 하나님이 그리스도 예수 안에서 영광 가운데 그 풍성한 대로 너희 모든 쓸 것을 채우시리라."(빌 4:19)

나는 공동저자에 등록했습니다. 성령님의 음성에 믿음으로 순종하고 결과는 성령님께 맡겼더니 필요한 돈을 자동으로 주셨습니다. 공동저자로 책을 출간하는 일은 복음을 전하는 귀한 일이기에 무척 영광스럽고 감사합니다. 나는 성령님께 여쭈었습니다.

"성령님, 이번 책에는 어떤 내용을 담아야 하나요?"

"나와 연애하며 행복한 이야기와 기도 응답 받은 것을 써라."

내 인생은 성령님과 연애하는 것이고 하루하루가 신나고 즐겁고 매일이 기적의 연속이기 때문에 책에 쓸 내용도 많습니다.

당신도 책을 써서 전도하십시오. 세상에서 가장 착한 일은 복음을 전하는 일입니다. 이것을 하나님께서 가장 기뻐하십니다.

"모든 육체는 풀과 같고 그 모든 영광은 풀의 꽃과 같으니 풀은 마르고 꽃은 떨어지되 오직 주의 말씀은 세세토록 있도다. 너희에게 전한 '복음'이 곧 이 말씀이니라."(벧전 1:24~25)

"책에 써서 후세에 영원히 있게 하라."(사 30:8)

수백만 송이 꽃 선물을 받은 이야기

당신은 꽃 선물을 받았습니까?

나는 매년 꽃 선물을 받습니다. 원래 나는 꽃 선물보다 돈 선물 받는 것을 더 좋아했습니다. 그러다 언제부턴가 꽃 선물도 받고 싶어졌습니다. 그래서 나의 사랑하는 성령님께 구했습니다.

"성령님, 꽃 선물을 주세요."

성령님께 구했더니 매년 전국에서 열리는 꽃 축제에 가게 하셨고 여러 가지 수백만 송이의 꽃을 보여주시고 선물해 주셨습니다.

작년 가을에는 핑크 뮬리 축제에 갔습니다.

핑크 뮬리는 태어나서 처음 봤는데 매혹적이고 색이 너무 예쁘고 아름다워 감탄이 저절로 나왔습니다.

따뜻한 봄이 되니 성령님께서 내게 말씀하셨습니다.

"꽃구경 가자."

나는 기쁘고 좋았습니다. 성령님과 가족과 함께 봄나들이를 갔습니다. 수많은 다양한 꽃들이 신기하고 예쁘고 아름다웠습니다.

성령님께서 "너를 위한 선물이다"라고 말씀하시며 수백만 송이 꽃을 준비해 두시고 선물로 주신 것입니다. 향수도 종류별로 주셨습니다. 나는 향수가 종류별로 여러 개 있었으면 좋겠다고 생각했는데 성령님께서 남편을 통해 선물해 주셨습니다. 꽃도 한 송이만 아닌 수백만 송이를 주신 성령님께 감사드립니다.

하루는 아침에 씻고 있는 내게 성령님께서 말씀하셨습니다.

"네가 참 좋다."

나는 성령님께 물었습니다.

"성령님, 왜요?"

"그냥."

"저도 주님이 참 좋아요. 사랑해요. 감사해요. 행복해요."

성령님과 나는 웃었습니다.

성령님은 로맨틱하고 자상하신 정말 멋진 분이십니다.

성령님은 당신도 많이 좋아하고 아끼고 사랑하십니다.

성령님은 당신이 생각만 해도 한마디만 해도 응답하십니다.

당신도 멋진 성령님과 연애하며 구하는 것마다 응답받는 황홀하고 행복한 인생을 살기 바랍니다. 억만 번이나 축복합니다.

"너희 모든 성도들아, 여호와를 사랑하라."(시 31:23)

심방 받고 축복 기도 받은 이야기

당신은 심방 받은 적이 있습니까?

나는 며칠 전에 심방 받은 적이 있습니다.

주일 예배 시간에 목사님께서 말씀하셨습니다.

"기도는 하나님께 원하는 것을 받는 것입니다. 하나님께 기도해야 받습니다. 심방은 말씀을 전해 주는 것이고 안수해 주고 상담해 주고 복음을 전해 주는 것입니다. 주의 종이 예수 이름으로 갑니다. 주의 종을 사람으로 생각하지 마세요. 예수님이 가시는 것입니다. 주의 종이 심방해서 말씀을 전할 때 주님이 기적을 베푸십니다. 주의 종이 부탁할 때 순종하면 천배의 복을 받습니다."

우리 교회의 한 자매는 심방을 받고 10년이 넘은 우울증이 떠나갔고 사시를 깨끗이 고침 받았습니다. 주일 예배 시간에 앞에 나가 간증도 했습니다. 나도 심방을 신청했지만 처음 받는 거라 살짝 긴장이 되고 부담되었습니다. 성령님께서 말씀하셨습니다.

"어떤 일이든 부담 갖지 마라. 어려운 건 없다. 가볍고 쉽다."

나는 미리 감사 헌금과 간단한 다과를 준비했습니다.

오전에 김열방 목사님과 사모님께서 심방을 오셨습니다.

찬양을 부르며 예배하고 시편 40편 말씀을 전해 주셨습니다.

"내가 여호와를 기다리고 기다렸더니 귀를 기울이사 나의 부르짖음을 들으셨도다. 나를 기가 막힐 웅덩이와 수렁에서 끌어올리시고 내 발을 반석 위에 두사 내 걸음을 견고하게 하셨도다. 새 노래 곧 우리 하나님께 올릴 찬송을 내 입에 두셨으니 많은 사람이 보고 두려워하여 여호와를 의지하리로다. 여호와를 의지하고 교만한 자와 거짓에 치우치는 자를 돌아보지 아니하는 자는 복이 있도다. 여호와 나의 하나님이여, 주께서 행하신 기적이 많고 우리를 향하신 주의 생각도 많아 누구도 주와 견줄 수가 없나이다. 내가 널리 알려 말하고자 하나 너무 많아 그 수를 셀 수도 없나이다. 주께서 내 귀를 통하여 내게 들려주시기를 제사와 예물을 기뻐하지 아니하시며 번제와 속죄제를 요구하지 아니하신다 하신지라. 그 때에 내가 말하기를 내가 왔나이다. 나를 가리켜 기록한 것이 두루마리 책에 있나이다. 나의 하나님이여, 내가 주의 뜻 행하기를 즐기오니 주의 법이 나의 심중에 있나이다 하였나이다. 내가 많은 회중 가운데에서 의의 기쁜 소식을 전하였나이다. 여호와여 내가 내 입술을 닫지 아니할 줄을 주께서 아시나이다. 내가 주의 공의를 내 심중에 숨기지 아니하고 주의 성실과 구원을 선포하였으며 내가 주의 인자와 진리를 많은 회중 가운데에서 감추지 아니하였나이다. 여호와여 주의 긍휼을 내게서 거두지 마시고 주의 인자와 진리로 나를 항상 보호하소서. 수많은 재앙이 나를 둘러싸고 나의 죄악이 나를 덮치므로 우러러 볼 수도 없으며 죄가 나의 머리털보다 많으므로 내가 낙심하였음이니이다. 여호와여, 은총을 베푸사 나를 구원하소서. 여호와여, 속히 나를 도우소서. 내 생명을 찾아 멸하려 하는 자는 다 수치와 낭패를 당하게 하시며 나의 해를 기뻐하는 자는 다 물러가 욕을 당하게 하소서. 나를 향하여 하하 하하 하며 조소하는 자들이 자기 수치로 말미암아 놀라게 하소서. 주를 찾는 자는 다 주 안에서 즐거워하고 기뻐하게 하시며 주의 구원을 사랑하는 자는 항상 말하기를 여호와는 위대하시다 하게 하소서. 나는 가난하고 궁핍하오나 주께서는 나를 생각하시오니 주는 나의 도움이시요 나를 건지시는 이시라. 나의 하나님이여, 지체하지 마소서."(시 40:1~17)

김열방 목사님께서 입을 열어 말씀하셨습니다.

"시편 40편은 다윗의 시입니다. 다윗은 하나님의 마음에 합한 자로 인정받았습니다. 다윗의 믿음의 특징은 기다림입니다. 이전의 왕은 사울이었는데 하나님을 기다리지 못하고 불순종해서 하나님께 버림받았습니다. 하나님은 순종을 기뻐하시는 분입니다. 다윗은 여호와를 기다리고 기다렸습니다. 성경 인물들 전부 기다리고 기다린 사람들입니다. 끝까지 하나님의 손길을 포기하지 않는 사람들이었습니다. 모든 사람에게 하나님의 때가 있습니다. 하나님의 때를 기다리는 게 필요합니다. 사모하는 마음으로 기다려야 합니다. 믿음은 기다림으로 시작해서 기다림으로 끝납니다. 다윗은 기다리면서 말씀을 묵상했습니다. 말씀을 묵상하는 것은 굉장히 중요합니다. 앞으로 전 세계를 다니며 수많은 사람에게 말씀을 전파하고 하나님의 기적을 행하게 될 텐데, 그러려면 기다리는 게 필요합니다. 하나님의 때를 기다리고 하나님이 나를 쓰실 때까지 기다리는 게 중요합니다. 기다리는 동안 시간을 뚝 떼어 기도하고 말씀을 묵상하세요. 기다리는 것을 실천하세요."

그리고 성령님께서 목사님을 통해 안수 기도를 해주셨습니다.

"내 사랑하는 딸아, 다윗이 기다리고 기다리던 것처럼 너도 나의 구원을 기다리고 기다릴지어다. 내가 너를 크게 들어 쓸 것이며 많은 회중들 가운데 말씀을 전파하는 나의 종으로 사용할 것이니 너는 그 때까지 기다리고 기다릴지어다. 너의 남편과 너의 온 가족의 구원도 기다리고 기다리면 내가 반드시 응답하겠노라."

나는 "아멘" 했습니다. 그리고 말씀하셨습니다.

"내 딸아, 내가 네게 지혜를 주었노라. 네게 넘치는 기름 부음을 주었노라. 네가 그동안 믿음으로 많은 것을 심었다. 나는 그 모든 것을 기억하고 있느니라. 내가 너의 심은 것에 대해 천배로 복을 주겠노라. 그것을 너는 기대할지어다."

나는 "아멘" 했습니다. 그리고 딸 하선이도 안수해 주셨습니다.

"사랑하는 딸아, 네게 지혜가 임했느니라. 구원이 임했느니라."

〈크게 생각하라〉는 책에서 어떤 작가님이 하나님께 "주의 종으로 부르신 것이 맞다면 주의 종을 통해 세 번 말씀해 주세요"라는 글을 본 적이 있습니다. 나도 "하나님, 저를 주의 종으로 부르신 것이 맞다면 말씀해 주세요"라고 말씀드렸습니다. 주님께서 주의 종을 통해 안수해 주시며 똑같은 말씀을 세 번 하셨습니다.

"너는 전국과 세계를 다니며 말씀을 전하게 될 것이다."

나는 주님께 말씀드렸습니다.

"주님, 더 이상 묻거나 따지지 않겠습니다. 헌신하겠습니다."

심방을 통해 귀한 깨달음을 얻고 천배의 복이 임했습니다.

너무나 귀하고 행복하고 감사한 시간이었습니다.

나의 사랑하는 성령님께 억만 번이나 감사합니다. 김열방 목사님과 김사라 사모님께도 억만 번이나 감사합니다.

기도, 말씀, 찬양, 예배하며 거룩한 저축을 하라

당신은 날마다 기도합니까?

나는 날마다 기도합니다. 방언을 받은 뒤로 방언으로 계속 기도합니다. 서서, 앉아서, 누워서, 걸으며 쉬지 않고 계속 기도합니다. 틈만 나면 기도 합니다. 기도하는 게 즐겁고 자꾸 기도하고 싶습니다. 방언을 받은 후에는 기도하는 게 자연스럽고 즐거워졌습니다. 아침에 일어나면 성령님께서 말씀하십니다.

"기도하자."

나는 골방에 들어가 성령님과 영으로 기도합니다. 중간에 "성령님 사랑합니다"라며 마음으로 기도하고 또 영으로 계속 기도합니다. 그렇게 쭉 기도하면 30분, 1시간이 그냥 지나갑니다.

방언을 말하면 마음에 안식과 상쾌함이 옵니다.

"더듬는 입술과 다른 방언으로 그가 이 백성에게 말씀하시리라. 전에 그들에게 이르시기를 이것이 너희 안식이요 이것이 너희 상쾌함이니."(사 28:11~12)

주일 예배 시간에 목사님께서 말씀하셨습니다.

"예수님은 30년 동안 아무 일도 안 일어났지만 요단강에서 세례를 받은 후에 성령이 임한 순간 성령에 이끌려 귀신을 쫓고 병을 고치며 3년 동안 어마어마한 일을 해내셨습니다. 여러분, 30

년 동안 아무 일도 안 일어났습니까? 성령이 임한 후 성령을 따라 살면 예수님처럼 3년 만에, 30년, 300년, 3천 년 동안 해야 할 일을 다 할 수 있게 됩니다. 사랑하는 성령님과 동업하십시오."

그리고 말씀하셨습니다.

"기도와 찬미를 통해 하나님의 기름 부음과 영광이 나타나게 됩니다. 찬양할 때 악한 영이 떠나갑니다. 사울과 실라는 감옥에서 기도하고 찬미했습니다. 그러자 땅이 진동하고 옥문이 열렸습니다. 큰 소리로 기도하고 찬양하기 바랍니다. 기도에 탁월한 사람, 찬미에 탁월한 사람이 되기 바랍니다."

나는 설교 말씀을 듣고 그렇게 살겠다고 기도했습니다.

그리고 감사 헌금 봉투에 기도 제목을 적었습니다.

"기도와 찬미에 탁월한 사람 되었음, 감사합니다."

방언은 수준 낮은 기도가 아닙니다. 방언은 100% 감사, 100% 축복, 100% 중보, 100% 찬미, 100% 영의 기도, 100% 성령의 나타남입니다. 가장 좋은 기도이며 수준 높은 기도입니다.

방언은 성령 안에서 기도하는 것입니다.

"이와 같이 성령도 우리 연약함을 도우시나니 우리가 마땅히 빌 바를 알지 못하나 오직 성령이 말할 수 없는 탄식으로 우리를 위하여 친히 간구하시느니라. 마음을 감찰하시는 이가 성령의 생각을 아시나니 이는 성령이 하나님의 뜻대로 성도를 위하여 간구하심이니라."(롬 8:26~27)

나는 방언으로 기도하면서 얼굴이 더 빛나고 환해졌습니다.

하나님을 더 잘 섬기게 되었고 찬양하고 기도하고 말씀을 보는

게 더 즐거워졌습니다. 하나님이 살아 계시고 나와 함께 계심을 영으로 인식하게 되었습니다. 육신의 생각이 사라졌습니다. 육신의 생각은 사망이며 하나님을 기쁘시게 할 수 없습니다. "육신의 생각은 사망이요 영의 생각은 생명과 평안이니라."(롬 8:6)

육신의 생각은 하나님과 원수가 됩니다. 영의 생각은 생명과 평안이며 하나님을 기쁘시게 합니다. 하나님과 화평을 갖게 됩니다. 영의 기도인 방언 기도를 많이 하므로 영의 사람이 되십시오.

예수님과 다니엘의 유일한 습관은 기도하는 것이었습니다.

"새벽 아직도 밝기 전에 예수께서 일어나 나가 한적한 곳으로 가사 거기서 기도하시더니……."(막 1:35)

"다니엘이 이 조서에 왕의 도장이 찍힌 것을 알고도 자기 집에 돌아가서는 윗방에 올라가 예루살렘으로 향한 창문을 열고 전에 하던 대로 하루 세 번씩 무릎을 꿇고 기도하며 그의 하나님께 감사하였더라."(단 6:10)

악한 마귀는 죽이고 도둑질하고 멸망시키려고 하나님의 자녀를 계속 괴롭힙니다. 거짓말로 속여 마음이 침체되게 하고 의심을 불러일으키며 두려움에 빠지게 만듭니다. 하나님을 경외하지 못하게 하고 기도를 방해합니다. 마귀에게 속지 마십시오.

당신은 악한 마귀가 있다는 것을 알고 대적해야 합니다.

"너희는 하나님께 순복할지어다. 마귀를 대적하라, 그리하면 너희를 피하리라."(약 4:7)

마귀는 처음부터 살인한 자요 거짓말쟁이입니다.

"그는 처음부터 살인한 자요. 그 속에 진리가 없으므로 진리에서지 못하고 거짓을 말할 때마다 제 것으로 말하나니 이는 그가 거짓말쟁이요, 거짓의 아비가 되었음이라."(요 8:44)

예수님께서 십자가에서 죽으시고 부활하심을 통해 사탄의 세력을 무력화하셨으므로 마귀는 아무 힘이 없습니다. 대단한 능력과 권세가 없습니다. 단지 거짓말하는 능력만 있을 뿐입니다.

"통치자들과 권세들을 무력화하여 드러내어 구경거리로 삼으시고 십자가로 그들을 이기셨느니라."(골 2:15)

당신이 예수님을 구주로 믿는 순간 모든 죄를 사함 받고 성령으로 거듭나 하나님의 자녀가 되었습니다. 모든 죄와 저주를 짊어지신 예수님께서 당신 안에 실제로 살아 계십니다.

예수님을 믿음으로 말미암아 당신은 의인이 되었고 성령 충만하고 건강하고 부요하고 지혜롭고 평화를 가졌고 생명을 얻었습니다. 당신은 의인입니다. 당신 안에 성령님이 가득히 계십니다. 당신은 건강합니다. 당신은 부요합니다. 당신은 지혜롭습니다. 당신은 평화를 가졌습니다. 당신은 생명을 얻었습니다.

예수 그리스도 안에서 당신은 속량 곧 죄 사함을 얻었습니다.

"그가 우리를 흑암의 권세에서 건져 내사 그의 사랑의 아들의 나라로 옮기셨으니 그 아들 안에서 우리가 속량 곧 죄 사함을 얻었도다."(골 1:13~14)

당신을 구원하신 예수님이 성령으로 당신 안에 들어와 계십니다. 당신 안에 계신 예수님은 세상보다 억만 배나 크신 분입니다. 그러므로 세상을 두려워하지 마십시오. 강하고 담대하십시오.

"자녀들아, 너희는 하나님께 속하였고 또 그들을 이기었나니 이는

너희 안에 계신 이가 세상에 있는 자보다 크심이라."(요일 4:4)

당신 안에 계신 예수님은 어떤 일을 하실까요? 당신을 통해 마귀의 일을 멸하고 잃은 영혼을 구원하십니다. 예수님은 마귀의 일을 멸하려고 이 땅에 오셨습니다. "하나님의 아들이 나타나신 것은 마귀의 일을 멸하려 하심이라."(요일 3:8)

당신이 마귀의 일을 멸하고 잃은 영혼을 구원하려면 복음을 전하고 예수 이름으로 귀신을 쫓아내야 합니다. 예수님께서 말씀하셨습니다. "너희는 온 천하에 다니며 만민에게 복음을 전파하라. 내 이름으로 귀신을 쫓아내고 병을 고쳐라."(막 16:15)

그렇습니다. 세상 모든 사람들에게 복음을 전해 주어야 합니다. 그러면 마귀에게 속지 않습니다. 마귀가 들어가지 못하고 그들이 생명을 얻되 풍성히 얻게 됩니다. "도둑이 온 것은 도둑질하고 죽이고 멸망시키려는 것뿐이요 내가 온 것은 양으로 생명을 얻게 하고 더 풍성히 얻게 하려는 것이라."(요 10:10)

악한 마귀는 육신의 생각으로 계속 공격합니다. 예수님은 성령 받기 전에는 귀신을 쫓고 병을 고치는 일을 안 하셨습니다. 그러나 성령을 받고 난 후에는 예수님이 가는 곳마다 귀신이 정체를 드러냈고 소리를 지르며 쫓겨 나갔습니다.

당신이 예수를 구주로 믿고 성령으로 거듭났다면 가는 곳마다 악한 영들과 부딪힌다는 것을 알아야 합니다. 악한 영은 쫓겨나기 위해 정체를 드러내고, 당신을 속이기 위해 다가오기도 합니다. 악한 영은 거짓말로 자꾸 속이며 의심을 불어넣습니다. 그들의 가르침과 말을 조심하고 예수 이름으로 대적해야 합니다.

"성령이 밝히 말씀하시기를 후일에 어떤 사람들이 믿음에서 떠나 미혹케 하는 영과 귀신의 가르침을 좇으리라."(딤전 4:1)

어떻게 하면 마귀를 대적할 수 있을까요?

첫째, 마귀는 생각을 통해 틈을 탑니다.

마귀는 사람의 몸속으로 바로 못 들어옵니다. 먼저 문을 두드리는데 그 방법이 텔레비전이나 영화의 더러운 영상, 더러운 만화와 잡지, 소설 등입니다. 그 외에도 사주, 관상, 타로, 별자리, 손금, 작명 등을 통해 들어오기도 합니다. 모두 악한 영들이 하게 하는 짓입니다. 이런 것들은 만지지도 보지도 듣지도 말아야 합니다. 접촉하지 말아야 합니다. 마귀와 친해지지 마십시오. 마귀를 환영하지 마십시오. 예수 이름으로 명령하여 마귀를 대적하십시오. 예수 이름으로 명령하면 악한 영이 떠나갑니다.

"예수 이름으로 악한 영아 떠나가라."

오직 하나님께 순복하십시오. 마귀를 대적하십시오.

"너희는 하나님께 순복할지어다. 마귀를 대적하라, 그리하면 너희를 피하리라."(약 4:7)

둘째, 영을 강하게 하기 위해 거룩한 저축을 하십시오.

매일 습관을 좇아 기도하고 찬양하고 말씀을 보십시오.

하루 중 30분, 1시간이라도 깨어 기도하십시오. 골방에 들어가 문을 닫고 기도하십시오. 가장 행복하고 영광스러운 시간은 하나님과만 함께 있는 시간입니다. 기도하면 기적이 일어납니다.

당신이 기도할 때 성령님께서 시간과 공간을 초월해 역사하십니다. 자녀를 위해, 남편을 위해, 부모님을 위해 기도하십시오.

무엇이든지 기도하고 구하면 하나님께서 응답하십니다. "내 이름으로 무엇이든지 내게 구하면 내가 시행하리라."(요 14:14)

셋째, 하나님을 찬미하십시오.

찬미란 '아름다움을 높이는 것'입니다. 세상에서 가장 아름다우신 분은 성령님이십니다. 나는 날마다 성령님을 찬미합니다.

"성령님, 최고예요. 멋져요. 아름다워요. 너무 좋아요."

하나님을 찬미할 때 하나님께서 영광 받으시고 가장 기뻐하십니다. 다른 것보다 찬미할 때 병을 고침 받는 경우가 더 많습니다. 찬미할 때 악령이 떠나는 경우가 더 많습니다.

당신 안에 성령님이 충만히 와 계시지만 당신의 영을 강하게 할 필요가 있습니다. 영이 강해야 마음과 몸이 강해집니다. 영을 강하게 하기 위해 습관을 따라 방언으로 기도하고 찬양하고 말씀을 보고 예배에 꼭 참석하십시오. 마귀를 대적하십시오.

항상 하나님께 기도하고 하나님을 찬미하기 바랍니다.

"하나님의 말씀과 기도로 거룩하여짐이니라."(딤전 4:5)

영원토록 주님을 찬양하리라

당신은 어떤 소원이 있습니까?

나는 찬양을 잘하고 싶은 소원이 있습니다.

나중에 수많은 군중 앞에서 하나님의 말씀을 전할 때 아름다운 목소리로 찬양할 것입니다. 하나님은 찬양 가운데 거하십니다.

찬양할 때 귀신이 떠나가고 병이 낫고 수많은 기적이 일어납니다.

다윗이 수금을 타니 사울에게서 악신이 떠나갔습니다.

"하나님의 부리신 악신이 사울에게 이를 때에 다윗이 수금을 취하여 손으로 탄즉 사울이 상쾌하여 낫고 악신은 그에게서 떠나더라."(삼상 16:23)

바울과 실라가 감옥에서 기도하고 하나님을 찬미하자 큰 지진이 나며 옥터가 움직이고 옥문이 다 열렸습니다.

"밤중쯤 되어 바울과 실라가 기도하고 하나님을 찬미하매 죄수들이 듣더라. 이에 홀연히 큰 지진이 나서 옥터가 움직이고 문이 곧 다 열리며 모든 사람의 매인 것이 다 벗어진지라."(행 16:25~26)

세상의 모든 악기는 하나님의 것입니다. 하나님을 찬양하기 위해 만들어진 도구입니다. 악한 영들은 원래 하나님을 찬미하는 천사였습니다. 그들이 교만해져서 쫓겨나 이 땅에서 하나님의 것들을 흉내 내기 시작했습니다. 마귀는 사람에게 찬미 받고 싶어 합니다. 그래서 악기로 자신을 찬미하게 만듭니다.

악기로 하나님을 찬미하십시오. 하나님을 찬미하지 않는 것은 사탄에게 속고 있는 것입니다. 나는 하나님께 구했습니다.

"하나님, 저는 아름다운 목소리로 주님을 마음껏 찬양하고 싶어요. 평생 주님을 찬미하는 사람 되게 해주세요. 이루어졌음. 감사합니다."

나는 기도하고 구한 것은 받았다고 믿습니다.

"무엇이든지 기도하고 구하는 것은 받은 줄로 믿으라. 그리하면 너희에게 그대로 되리라."(막 11:24)

나는 예배 시간에 큰 소리로 찬양합니다.

"너희 모든 백성들아, 손뼉을 치며 즐거운 소리로 하나님께 크게 외쳐라."(시 47:1)

집에서 아기랑 놀 때도 찬송가나 CCM을 틀어 놓고 손뼉을 치고 춤도 추며 신나게 찬양합니다. 어쩔 때는 너무 은혜롭고 감사해서 나도 모르게 눈물이 흐릅니다. 나는 기도합니다.

"성령님, 저는 성령님께 완전히 사로잡힌 삶을 살기 원합니다. 머리끝에서 발끝까지 주님으로 전부 덮인 삶을 살기 원합니다. 저는 없고 주님만 나타나길 원합니다. 주의 영광 보길 원합니다."

요즘 나는 기도에 빠졌고 찬양에 빠졌고 말씀에 빠졌습니다. 나의 사랑하는 주님께 푹 빠졌습니다. 나는 주님을 더욱 알기를 간절히 원합니다. 하루 종일 주님과 대화하고 교제하는 것이 최고의 행복입니다. 오늘도 나는 주님께 말씀드립니다.

"주님은 어떤 분이십니까? 주님을 더욱 알기 원합니다."

"우리가 여호와를 알자, 힘써 여호와를 알자. 그의 나타나심은 새벽 빛 같이 어김없나니 비와 같이, 땅을 적시는 늦은 비와 같이 우리에게 임하시리라 하니라."(호 6:3)

"나를 사랑하는 자들이 나의 사랑을 입으며 나를 간절히 찾는 자가 나를 만날 것이니라."(잠 8:17)

주님을 만나고 주님과 교제하고 주님을 알아 갈수록 주님이 더 좋아지고 푹 빠지게 됩니다. 주님께 미치게 됩니다.

주님이 주시는 모든 은사와 선물을 사모하게 됩니다.

"온갖 좋은 은사와 온전한 선물이 다 위로부터 빛들의 아버지

께로부터 내려오나니 그는 변함도 없으시고 회전하는 그림자도 없으시니라."(약 1:17)

시편의 고백이 나의 고백이 되었습니다.

"내가 평생토록 여호와께 노래하며 내가 살아 있는 동안 내 하나님을 찬양하리로다. 나의 기도를 기쁘게 여기시기를 바라나니 나는 여호와로 말미암아 즐거워하리로다."(시 104:33~34)

나는 결심했습니다.

"내 평생 주님께 노래하며 주님을 찬양하며 살리라. 주님으로 말미암아 즐거워하리라."

오늘도 나는 환하게 빛나는 얼굴로 사랑을 고백합니다.

"성령님, 사랑합니다. 온 마음 다해 사랑합니다."

"성령님, 감사합니다. 모든 것이 감사합니다."

"성령님, 행복합니다. 성령님이 함께 계시니 행복합니다."

나의 사랑하는 성령님은 나의 전부이십니다.

당신도 성령님을 사랑하십시오.

나의 사랑하는 성령님, 안녕하세요?

예수 이름으로 명령하면 병이 낫는다

당신은 만성 비염을 앓아 본 적이 있습니까?

나는 예전에 만성 비염을 앓아 고생한 적이 있습니다.

대학에 들어간 후에 내게 잘못된 생활 습관이 하나 있었는데, 집밥을 놔두고 친구들이랑 학교 앞 분식집에 가서 각종 매운 음식과 첨가물이 잔뜩 들어간 음식을 거의 매일 먹었다는 것입니다.

나는 유아교육과를 다녔는데 우리 과는 아이들에게 필요한 교재와 교구를 매주 만들었습니다. 그것을 만들려고 일주일에 3일씩 밤을 새웠는데 내 눈 밑은 다크 서클로 항상 피곤한 상태였습니다. 그러다 내 몸에 이상이 생겼습니다. 코가 너무 막혀서 날마다 입을 벌리고 입으로 숨 쉬며 잤고 잠을 푹 잘 수가 없었습니다. 아침에는 코를 풀고 다니는 게 일이었습니다. 한 학기를 마칠 때쯤 나는 잠실로 이사 왔습니다. 오빠와 둘째 언니와 내가 함께 살았는데 언니를 따라 처음 서울목자교회에 나갔습니다.

나는 서울에 와서도 여전히 만성 비염에 시달렸습니다. 급기야는 코에서 눈으로 연결되어 눈이 가려워서 비벼 대다가 눈이 빨개져 창피함까지 느꼈습니다. 하지만 깜깜한 내 건강 적신호에 한 줄기 빛이 있었습니다. 그것은 바로 '예수 이름'이었습니다.

주일 예배 시간에 김열방 목사님이 말씀하셨습니다.

"여러분, 예수의 피가 우리의 몸을 깨끗이 씻어 주십니다. 하늘과 땅의 모든 권세를 가지신 예수 그리스도 이름으로 더러운 것을 내쫓으세요. 이미 다 나았습니다. 증상을 꾸짖으세요."

나는 집에 와서 내 코에 손을 얹고 외쳤습니다.

"예수의 피, 예수의 피, 예수의 피."

코나 눈이 가려울 만하면 계속 손을 얹고 예수의 피를 외치며 비염을 쫓아냈습니다. 그러던 어느 날 학교를 마치고 잠실새내역에서 내렸는데 이비인후과가 보였습니다. 나는 스스로 병원 가 본 게 그때가 처음이었습니다. 의사는 만성 비염이라고 평생 가지고 살아야 한다고 했습니다. 나는 크게 놀랐지만 성령님은 다 나았다고 괜찮다고 말씀하셨습니다. 성령님과 함께 병원에서 약을 처방받았는데 약을 먹고 비염이 많이 좋아졌습니다.

그 후로도 학교 다니며 밤을 샐 때는 코가 다시 막혔습니다. 하지만 더 이상 심해지지는 않았고 시간이 흐르고 잠을 푹 자자 비염이 완전히 사라졌습니다. 할렐루야! 지금 나는 비염이 없습니다. 입을 다물고 코로 숨 쉬고 푹 잡니다. 비염을 앓아 본 적이 없는 사람은 이것이 얼마나 큰 행복인지 모를 것입니다.

어쨌든 나는 그 사건 이후로 내 몸이 힘들면 작은 상처부터 큰 병까지 모두 예수님 이름으로 쫓아 버립니다. 성경은 말씀합니다.

"믿는 자들에게는 이런 표적이 따르리니, 병든 사람에게 손을 얹은즉 나으리라 하시더라."(막 16:17~18)

하나님이 세상에서 가장 큰 의사이십니다. 그의 아들 예수 그리스도의 이름을 믿고 명령하면 당신도 나음을 입을 수 있습니다.

구체적으로 어떻게 하면 될까요?

첫째, 아픈 곳에 손을 얹고 가장 먼저 예수 이름으로 명령 내리십시오. 나는 두통도 그렇게 해서 없앴습니다. 그리고 가족들이 아프다고 말하면 그곳에 손을 대고 병을 꾸짖었습니다.

"예수 이름으로 명하노니 생리통은 떠나가라."

"예수 이름으로 명하노니 아기 발바닥에 사마귀는 떠나가라."

"예수 이름으로 명하노니 아들 몸의 피부병은 사라져라."

"예수 이름으로 명하노니 남편의 두통은 떠나가라."

속으로 말할 때도 있고 크게 소리 내어 말할 때도 있고 부드럽게 말하거나 강하게 말하는 경우도 있습니다. 그때마다 하나님은 직행처럼 빠르게 응답하셨습니다.

"다 나았다."

"아멘, 억만 번이나 감사합니다. 다 나았음."

둘째, 성령님께 도움을 구하십시오.

나는 셋째 아이를 낳고 오른쪽 발의 반쪽 전부가 심하게 부은 적이 있습니다. 처음에는 산책할 때 발바닥 가운데가 따끔거려서 예수님 이름으로 명령을 내렸습니다. 그런 후에는 자고 아침에 일어나면 아무렇지 않았습니다.

그러던 어느 날 아침에 아이를 어린이집을 데려다 주려고 밖에 나가는데 발을 못 디딜 정도로 심한 통증이 있었습니다.

나는 그때부터 강하게 세 번 정도 명령을 내렸습니다.

"예수 이름으로 명하노니 통증은 사라져라."

"예수 이름으로 명하노니 통증은 사라지고 잘 걸을지어다."

"예수 이름으로 명하노니 발 아픈 것은 떠나가라."

그 날 저녁도 발이 퉁퉁 부었습니다.

나는 성령님께 여쭈었습니다.

"성령님, 발이 많이 부었어요."

"일단 얼음찜질을 해라."

나는 얼음찜질로 부은 발을 가라앉히고 얼마 후에 병원에서 받은 소염제를 먹었고 한의원에서 약침도 며칠 맞았습니다. 그리고 꾸준한 운동으로 지금은 걷기가 편해졌습니다. 할렐루야!

당신도 예수 이름으로 명령을 내리고 운동도 하십시오.

"그가 채찍에 맞으므로 우리는 나음을 받았도다."(사 53:5)

셋째, 몸을 잘 관리하십시오.

나는 서울목자교회에 다닙니다. 김열방 담임목사님은 말씀을 전파하기 전에 축복기도 시간에 이렇게 말씀하십니다.

"여러분, 지금 아픈 곳에 손을 얹으세요. 지금 이곳에 치유의 기름 부음이 흐르고 있습니다. 성령의 바람이 여러분의 몸을 만져 모든 병을 치료해 주십니다. 기적이 일어납니다."

그러면 나는 머리끝부터 발끝까지 내 손으로 직접 만집니다.

그리고 이렇게 중얼거립니다.

"하나님, 성령님의 손으로 제 머리끝부터 얼굴, 목, 어깨, 뱃살, 옆구리 살, 다리, 발 모두 만져 주세요. 미연의 방지로 만져 주셔서 앞으로 살면서 영원히 아픈 곳이 없게 해주세요."

나는 아파서 만지는 게 아니라 미연의 방지를 위해 성령님께 구합니다. 나는 일상 생활에서 성령님과 함께 깨끗한 음식 먹기, 하루 2번 정도 20분씩 꾸준히 운동하기, 잠을 8시간 푹 자기 등을 생활화하고 있습니다. 나는 성령님께 120살까지 건강하게 살 수 있다고 응답받은 적이 있습니다.

당신도 120살까지 건강하게 살 수 있습니다.

손톱 밑에 작은 상처도 예수 이름으로 명령하여 쫓아내십시오.

하나님이 당신의 영과 마음과 몸을 강하게 만드십니다.

크신 성령님과 함께 모임을 가지라

당신은 모임을 가지는 분명한 목적이 있습니까?

나는 어떤 모임이든 그 모임에 분명한 목적이 있습니다.

어느 날 카톡으로 서울목자교회 박미혜 전도사님을 집으로 초대하게 되었습니다. 평소에 내가 존경하던 분이 오시기에 신경 써서 준비해야겠다고 생각했습니다.

그리고 성령님께 이렇게 말씀드렸습니다.

"성령님, 박미혜 전도사님이 오면 저희 대화의 주인이 되어 주세요. 성령님과 즐거운 시간을 갖도록 도와주세요."

그날 모임은 참으로 행복한 모임이었습니다.

성령님을 인격적으로 모시면 당신이 어디서 모이나 그곳에 성령님이 반드시 계십니다. "두세 사람이 내 이름으로 모인 곳에는 나도 그들 중에 있느니라"(마 18:20)고 했기 때문입니다.

나는 이런 특별한 모임을 갖습니다. 어떤 모임일까요?

첫째, 성령님과의 모임입니다.

나 더하기 성령님은 두 명입니다. 나는 성령님과 늘 함께 숨 쉬고 동행하지만 때로는 따로 시간을 내어 모임을 갖습니다.

"성령님, 이 시간에 저와 함께해 주세요."

"그래, 좋아."

성령님은 인격이시므로 나와 실제로 대화하십니다.

나는 아침에 일어나서 저녁에 잠들 때까지 성령님과 수시로 모임을 만드는 이런 생활이 정말 행복합니다.

둘째, 가족과의 모임입니다.

나는 남편과 자녀와의 모임에서 옆에 계신 성령님께 작은 소리로 이렇게 말합니다.

"성령님, 저희 대화의 주인이 되어 주세요."

며칠 전에 큰딸이 지갑에서 돈을 꺼내며 말했습니다.

"엄마, 제 돈으로 필요한 거 살게요. 세뱃돈 받은 거 많아요."

내가 대답하려는데 바로 옆에 있던 셋째 딸이 말했습니다.

"언니, 나도 돈 줘."

"너 돈 필요해?"

"응, 돈 줘."

큰딸은 알았다며 지갑에서 돈을 꺼내려 했습니다.

나는 큰딸의 손을 잡고 말했습니다.

"하늘아, 성령님께 여쭈어 보았니? 안했으면 지금 여쭈어 봐. 지금 천 원이 나중에 천만 원, 일억이 될 수도 있어."

큰딸은 미소 지으며 속으로 잠깐 생각하는 듯 보였습니다.

"여쭈어 봤어요. 돈 줘도 된대요"라며 동생에게 천 원짜리 하나를 주었습니다. 우리 가족의 모임에는 성령님이 주인 되십니다.

셋째, 지인들과의 모임에 성령님이 주인 되십니다.

며칠 전에 박미혜 전도사님이 오셨을 때 교회 밖에서 모인 것이 처음이라 조금 어색했습니다. 나는 말했습니다.

"그동안 우리 집에 오신 분들이 거실 쪽에 있는 멋진 탁자에서 먼저 예배를 드리셨습니다."

"아, 그래요?"

박미혜 전도사님은 우리 가정을 위해 축복기도를 해주셨습니다. 기도가 끝난 후에 성령님과 함께 집 구경도 하고 맛있는 식사도 했습니다. 대화 내내 우리는 이런 간증을 수시로 했습니다.

"성령님 없인 지금의 저는 없었어요."

귀한 모임에 주인 되어 주신 성령님께 한없이 감사했습니다.

당신에게는 어떤 모임이 있습니까? 성령님과의 모임을 가장 중요하게 생각하십시오. 그러면 다른 어떤 모임도 성령님이 주인이 되어 주셔서 행복한 모임이 됩니다. 크신 성령님이 주인 되시면 다른 이야기는 다 작은 것들입니다. 이것을 믿기 바랍니다.

당신을 한없이 축복합니다.

방언 기도로 사랑을 고백하다

당신은 방언을 말합니까?

나는 방언을 많이 말합니다. 지난주에 나는 집안에 벽지가 더 럽혀져 있거나 아이가 낙서해 놓은 곳을 보고 안 쓰는 샤워 타올에 주방 세제를 묻혀 깨끗이 닦았습니다. 몸을 숙여 바닥 쪽 벽지를 닦는데 갑자기 누가 내 머리에 손을 얹고 엘사 장난감을 입에 갖다 대었습니다. 나는 뭔가 하고 위로 치켜 올려 보았습니다.

4살 된 셋째 아이였습니다.

"엄마, 라라라라 해."

나는 순간 생각이 번뜩 났습니다.

'이 아이가 주일예배 때 방언 받은 것을 기억하고 흉내 내네.'

나는 웃으며 방언으로 말했습니다.

"할렐루야, 할렐루야, 할렐레레 라라라라."

나는 세련된 방언을 말하지 않지만 어린 아이가 믿음으로 손을 얹어도 내가 처음 방언을 받던 감동적인 순간을 떠올리며 감사하는 마음으로 방언을 말합니다.

나는 예수님을 뜨겁게 사랑하는 마음으로 방언을 말합니다.

"내가 사람의 방언과 천사의 말을 할지라도 사랑이 없으면 소리 나는 구리와 울리는 꽹과리가 되고."(고전 13:1)

나의 방언 받던 날은 예수님을 깊이 사랑하고 성령 충만을 받은 추억의 날입니다. 당신도 사랑이 있는 방언을 말할 수 있습니다. 어떻게 하면 사랑이 있는 방언을 말할 수 있을까요?

첫째, 방언 받기를 사모하십시오.

나는 모태 신앙인입니다. 모태 신앙인은 엄마 뱃속부터 믿음을 가지게 된 사람입니다. 나는 학창시절에 기도하러 기도원에 다녔습니다. 교회에서 단체로 가거나 학생 수련회 때 갔습니다. 산속으로 때로는 바닷가가 있는 수련회 장소였습니다. 하지만 갈 때마다 나는 방언을 받지 못했습니다. 나는 그때 방언에 대해 사모하지 않았지만 방언 받은 친구들을 보면 조금 부러웠습니다.

그리고 21살이 되었을 때 언니를 따라 서울목자교회에 갔다가 김열방 목사님의 설교 말씀을 듣고 성령님을 인격적으로 모시게 되었습니다. 성령님은 너무나 실제적으로 내 앞에서, 모든 공간에서 나를 보고 계셨습니다. 나는 성령님을 불렀습니다.

"성령님, 성령님, 성령님."

모든 건물과 내부의 촘촘하게 네모난 공간마다 성령님이 임하신 것을 믿음의 눈으로 보며 불렀습니다. 그러자 성령님을 사랑하고 원하는 마음, 감사하는 마음이 물밀듯이 밀려왔습니다.

나는 주일 예배 시간에 앞에 나가 머리 숙여 방언 받기를 사모했습니다. 김열방 목사님의 손이 내 머리에 얹히자 즉시 방언을 말하기 시작했습니다. 감사의 눈물이 왈칵 쏟아졌습니다.

당신도 방언 받기를 사모하면 방언으로 말할 수 있습니다.

둘째, 나와 하나님과의 비밀인 방언을 말하십시오.

내가 방언을 받고 말했는데 이런 생각이 든 적이 있었습니다.

"어? 저분은 어떻게 저렇게 세련되게 방언을 말할까? 하나님, 저도 세련되게 방언을 말하게 해주세요. 아멘, 감사합니다."

그런데 이번 주, 다음 주, 그 다음 주도 그분과 똑같이 방언을 말하지 못했습니다. 대신 성령님이 이런 말씀을 주셨습니다.

"은하야, 나는 네가 지금 그렇게 방언으로 말하는 것이 좋아. 너와 이야기 나누는 것이 난 행복해. 방언은 쉬워. 단순해."

"와, 성령님. 억만 번이나 감사합니다. 사랑해요. 성령님."

나는 요즘 방언을 쉽고 재미있게 "할렐루야, 할렐루야 할렐레레, 라라라라" 하고 말합니다. 셋째 딸과 집안에서 놀다가 함께 서로 머리에 손을 얹고 방언을 말합니다. 성령님과 방언으로 대화하는 게 즐겁습니다. 당신도 방언을 많이 말하십시오.

당신이 혹시 아직도 방언 말하는 것이 생소하다면 성령님께 도움을 구하세요. 그러면 성령님이 방언에 친숙하고 익숙하도록 만들어 주실 것입니다. 그리고 방언 말하기를 가르쳐 주십니다. 이것을 믿고 성령님과 함께 사랑이 가득한 방언을 말하기 바랍니다.

당신을 한없이 축복합니다.

최고의 해답을 주시는 성령님께 물으라

당신은 순간마다 누군가에게 물어봅니까?

나는 순간마다 누군가에게 물어봅니다. 누굴까요?

친구나 부모님이 아닌 성령님께 순간순간 물어봅니다.

우리 가족은 모두 5명입니다. 5명이 먹는 밥을 매일 지으려면 꽤 많은 양의 쌀이 필요합니다. 그래서 나는 마트보다는 쌀가게에서 주로 쌀을 구입하는 편입니다. 쌀가게에서는 현미를 저울에 kg으로 달아 줍니다. 쌀의 질도 좋고 양이 많아 보입니다. 실제로 밥을 해보면 더 오래 먹습니다.

나는 지난해에 쌀가게 사장님께 내 책을 사서 읽어보라고 권했습니다. 그때 사장님은 구입하지 않고 인증샷만 찍어 주셨습니다.

나는 그분이 예수님이 십자가에서 다 이룬 온전한 복음이 담긴 내 책을 읽고 전도되길 간절히 기도했습니다. 그런데 오늘은 그분이 내게 자기가 쓴 책을 한 권 선물로 주겠다고 말했습니다.

"제가 쓴 시집입니다. 한 권 드릴게요."

"와, 시집을 내셨네요. 대단하세요."

그분은 자기 책에 사인을 해서 내게 건넸습니다.

나는 순간 성령님께 무언의 눈빛을 보냈습니다.

'성령님, 이 시집을 받을까요?'

'내용을 봐라.'

성령님의 음성을 듣고 책을 펼쳐 시를 두 편 읽어보니 자연에 대한 묘사와 감사를 쓴 글이었습니다. 나는 그 책을 받고 곧바로 성령님과 함께 내 책을 꺼내며 말했습니다.

"'사장님, 이 책을 사서 꼭 읽어보세요. 상처받지 않는 비결, 이 책은 이번에 나온 새 책입니다. 자기 계발서와 신앙생활 내용이 담겨 있어 정말 좋은 책입니다."

구매는 어려워하셔서 나는 옆에 계신 권사님이신 아내와 함께 읽으시라고 책을 한 권 선물했습니다.

나는 순간마다 나를 돕는 보혜사 성령님께 묻고 움직입니다.

"보혜사 곧 아버지께서 내 이름으로 보내실 성령 그가 너희에게 모든 것을 가르치고 내가 너희에게 말한 모든 것을 생각나게 하리라."(요 14:26)

성령님은 하나님 아버지의 영이십니다. 순간마다 성령님께 물어보면 당신이 어떻게 해야 할지 생각나게 하십니다.

그러면 어떤 것을 성령님께 물어야 할까요?

첫째, 제한하지 말고 모든 것을 물어보십시오.

무엇이든지 무조건 빨리 하기보다는 숨을 한두 번 정도 더 쉬면서 당신 앞에 계신 성령님께 물어보십시오. 나는 서울목자교회 카페에 글을 올리고 댓글을 답니다. 나는 그때마다 물어봅니다.

"성령님, 이 글을 올릴까요?"

"성령님, 댓글을 이렇게 써도 될까요?"

그러면 성령님이 곧바로 대답해 주십니다.

당신도 성령님께 물으십시오. 그러면 당신이 하는 작은 일부터 큰일까지 모두 성령님의 음성을 듣고 일하게 됩니다.

둘째, 성령님께 다시 한 번 확인하며 물어보십시오.

나는 은행에서 성령님께 두세 번 물을 때가 종종 있습니다.

'성령님, 몇 시에 돈을 보낼까요?'

'성령님, 돈의 얼마를 보낼까요?'

이제까지 성령님의 음성을 듣고 난 후에 은행 업무를 보았을 때는 실수한 적은 없습니다. 성령님은 돈을 사용할 때도 정확하게 가르쳐주십니다. 당신이 순간마다 물어볼 분은 성령님이지 사람이 아닙니다. 예수님을 믿는 사람은 누구나 성령님과 이야기 나눌 수 있습니다. 그러므로 어려워하지 말고 성령님께 순간마다 묻고 행하는 삶을 살기 바랍니다. 당신을 축복합니다.

내 대신 힘써 주시는 성령님

당신은 자신의 힘으로 무엇이든지 하려고 애쓰지 않습니까?

나는 나 자신의 힘으로 무엇이든지 하려고 애쓰지 않습니다.

나는 순간마다 내 대신 힘써 주시는 성령님을 의지해서 모든 것을 하려고 애씁니다. 나는 모태 신앙인으로 자랐지만 처음부터 모든 것에 하나님을 의지하지는 않았습니다. 많은 것을 내 힘으로 해결하려고 힘썼습니다. 부모님이 몸이 아파 수술하게 되었거나 내가 취직해야 하거나, 내 인생에 큰 어려운 일이 생기면 그때만 하나님께 두 손 모아 간절히 기도하며 응답받곤 했습니다.

그러나 21살 때 서울목자교회에서 말씀을 듣고 성령님을 인격적으로 모셨습니다. 성부, 성자, 성령의 삼위일체이신 성령님은 예수님의 영으로 이미 내 안에 가득히 들어와 계셨는데 그동안 그 사실을 몰라서 무엇에든지 성령님의 이름을 부르지 않았던 것입니다. 지금은 자나 깨나 성령님만 부르며 생활합니다.

기도하고 구하는 것은 한두 번이면 끝납니다. "그러므로 내가 너희에게 말하노니 무엇이든지 기도하고 구하는 것은 받은 줄로 믿으라. 그리하면 너희에게 그대로 되리라."(막 11:24)

무엇이든지 기도하라는 것은 무엇이든지 성령님께 말을 걸어서 그분과 의논하고 구하라는 뜻입니다.

그러면 성령님께 어떻게 말을 걸까요?

첫째, 일대일로 성령님께 말을 거십시오.

성령님은 다른 사람들의 성령님이 아닙니다. 내 안에, 내 앞에, 내 주변에 계신 나만의 성령님이십니다. 아침에 인사하세요.

"성령님, 안녕하세요."

나는 일어나서 외출 준비하며 화장할 때 이렇게 말합니다.

"성령님, 눈썹을 그릴 때 함께 그려 주세요."

그러면 성령님이 미소 지으며 함께 그려 주십니다.

둘째, 일상생활에서 무엇에든지 말을 걸면 됩니다.

나는 지난주에 작은 공간에 도배를 하면서 성령님을 불렀습니다. 나는 집에서 소리 내어 성령님을 부르는 것이 익숙합니다.

"성령님, 도배를 새것으로 하려고 합니다. 도와주세요. 벽지는 집에 있으니 도배 풀을 동네에서 살까요? 인터넷으로 살까요?"

성령님은 생각을 통해, 인터넷에서 간단하게 실크 벽지를 도배하는 방법을 알아보라고 말씀하셨습니다. 실크 벽지는 일반 벽지와 다르게 풀에 본드를 섞어야 하는데 인터넷을 검색해 보니 이둘이 합쳐져서 하나로 된 풀 본드가 있었습니다.

"와! 성령님, 지혜를 주셔서 억만 번이나 감사합니다. 주문할까요?"

"해라."

"몇 개 주문할까요?"

"두 개."

나는 성령님이 주신 지혜와 힘으로 쉽게 도배를 했습니다.

당신도 성령님께 구체적으로 물으십시오. 그러면 세미한 음성을 듣게 될 것입니다. 성령님은 당신의 일상을 도우십니다.

셋째, 습관을 따라 성령님께 말을 자꾸 거십시오.

나는 일상에서 성령님께 말을 거는 습관이 되어 있기 때문에 아무리 큰일을 만나도 자연스럽게 "성령님" 하고 튀어나옵니다.

당신도 성령님께 이렇게 말하며 말을 거십시오.

"성령님, 이 일을 해결할 지혜를 주세요."

"성령님, 이 일을 해결할 돈을 주세요."

"성령님, 이 일을 해결할 사람을 보내 주세요."

성령님은 당신에게 꼭 필요한 지혜를 생각나게 해주시고 모든 것을 구체적으로 가르쳐주십니다. 성령님은 최고의 교사입니다.

"보혜사 곧 아버지께서 내 이름으로 보내실 성령 그가 너희에게 모든 것을 가르치고 내가 너희에게 말한 모든 것을 생각나게 하리라."(요 14:26)

이것을 믿고 아주 작은 것부터라도 성령님께 말을 걸어 그분의 가르침을 받고 행복이 가득한 삶을 살기 바랍니다.

크신 하나님을 믿으면 기적이 일어난다

당신은 넓은 집으로 옮겼습니까?

나는 하나님의 은혜로 넓은 집으로 옮겼습니다.

나는 집에서 작은 물고기 3마리를 키웁니다. 지난 설날에 시골에 갔을 때 우리 가족이 시골집 옆 냇가에 산책을 갔는데 그때 물고기가 헤엄치는 것을 발견했습니다. 셋째 아이가 말했습니다.

"와, 물고기. 예쁘다."

남편과 아들이 물고기를 잡아서 병에 넣었습니다.

그 물고기가 지금 우리 집에서 잘 살고 있습니다. 그런데 며칠 전 물고기 밥으로 김 가루를 뿌려 주면서 커 가는 물고기를 더 큰 집으로 옮겨 주어야겠다고 생각했습니다.

그래서 나는 성령님께 물었습니다.

"성령님, 저희 집에 더 넓은 평수의 물고기 집이 있을까요?"

"있다."

"아, 맞아요. 성령님, 큰 스텐 대야요."

나는 곧바로 물고기를 넓은 평수의 집으로 옮겨 주었습니다.

집이 넓어서 신이 난건지 물고기들이 꽤 바쁘게 돌아다녔습니다. 나는 문득 이런 생각이 들었습니다.

'저런 작은 물고기도 필요하면 더 넓은 집으로 주인이 곧바로 옮겨 주잖아. 그처럼 좋으신 하나님이 나를 이렇게 넓고 좋은 집으로 옮겨 주셨어. 하나님은 나의 주인, 나의 주님, 나의 아빠야.'

나는 자녀가 한 명씩 늘어날 때마다 어떻게 하면 더 큰 집으로 이사할지 내 머리 속에 걱정만 가득할 때가 있었습니다. 하지만 서울목자교회에서 주일예배 시간에 귀에 닳도록 나오는 성경 말씀이 생활이 되자 기도 응답이 저절로 이루어졌습니다.

그 말씀이 무엇일까요? 믿음의 기도입니다. "그러므로 내가 너희에게 말하노니 무엇이든지 기도하고 구하는 것은 받은 줄로 믿으라. 그리하면 너희에게 그대로 되리라."(막 11:24)

당신도 믿음의 기도를 하면 모두 응답받습니다.

그러므로 더 좋은 것을 하나님께 구하십시오.

어떻게 하면 더 좋은 것을 구하고 응답받는 삶을 살까요?

첫째, 받을 줄이 아닌 받은 줄로 믿고 말하십시오.

나는 원하는 것을 받았다고 믿고 이렇게 말했습니다.

"셋째 아이를 순산했음. 감사합니다."

"넓은 집으로 이사했음. 감사합니다."

"가족끼리 해외여행 잘 다녀왔음. 감사합니다."

"첫째 둘째 아이의 학교가 각자 원하는 곳으로 잘 배정되었음. 감사합니다."

그 중에 이루어지지 않은 것은 하나도 없습니다. 받은 줄로 믿고 말하고 기쁘게 살면 하나님께서 없는 것도 만들어 주십니다.

둘째, 주신 것에 억만 번이나 감사하십시오.

하루는 큰딸과 함께 산책하다가 옆에 있는 최근에 지은 멋진 아파트를 바라보았습니다.

"와! 저 아파트는 외관이 특이하네. 사무실 같다."

"엄마, 우리 학교 앞에 있는 거야."

우리는 안이 궁금해서 근처 부동산에 들어가 봤습니다. 아직 입주를 하지 않은 상태여서 부동산 사장님이 평면도를 펼쳐 보이며 평수별로 집 구조만 보여주었습니다. 그런데 놀랍게도 아파트 값이 성경에서 말하는 두 달란트 곧 30억이 넘는 아파트였습니다. 한 달란트는 15억입니다. 큰딸이 놀라며 말했습니다.

"어? 우리 집이랑 넓기나 구조가 거의 똑같네."

"맞아, 딸."

우리는 부동산을 나오며 하나님께 한없이 감사했습니다.

"성령님, 억만 번이나 감사합니다."

지금 내가 살고 있는 집은 두 달란트 이상의 가치가 있습니다.

실제로 우리 집은 거실이 매우 높고 넓어 살면 살수록 빛이 가득한 집입니다. 하나님께 한없이 감사드립니다.

하나님은 당신에게 필요한 것을 모두 이미 알고 계십니다.

그리고 가장 좋은 때에 당신이 원한 것을 실상으로 드러내십니다. 이것을 믿고 원하는 것을 하나님께 마음껏 구하기 바랍니다.

당신에게 기적이 일어날 것입니다.

하나님은 하루 만에 다 주십니다.

우리 가정에서 심방 예배를 드렸다

당신은 심방을 신청해 본 적이 있습니까?

나는 김열방 목사님께 심방을 신청해 본 적이 있습니다.

우리 교회 주보에는 한쪽 면에 이렇게 적혀 있습니다.

"김열방 목사님 심방은 요청받은 경우에만 실시합니다."

나는 최근 몇 년간 심방을 요청한 일이 없었습니다. 그런데 이번 주 주일 예배 때 마침 심방 신청서가 보였습니다. 나는 이때다 싶어 심방 신청서를 작성했습니다. 심방 받고 싶은 날짜와 이름, 전화 번호, 주소를 적었습니다. 나는 지금 서울목자교회를 다니고 있지만 결혼 전부터 서울목자교회를 다닌 적이 있습니다.

결혼 전 오빠, 언니가 함께 잠실에 살고 있었는데 내가 잠실로 이사 오면서 언니가 다니던 서울목자교회를 나가게 되었던 것입니다. 대학생이었던 나는 처음 김열방 목사님의 설교를 듣자마자 큰 충격을 받았고 이런 생각을 했습니다.

'이럴 수가, 내 안에 성령님이 계시니까 성령님께 말을 걸으라고? 원래 성령 충만하게만 기도해야 하는 거 아니었나?'

김열방 목사님은 매순간 성령님께 말을 걸고 또 어디를 가든지 성령님을 인격적으로 존중히 모시고 다니라고 하셨습니다.

나도 한마디씩 따라 하며 실천해 보았습니다.

"성령님, 안녕하세요."

"성령님, 함께 걸으시지요."

"성령님, 횡단보도를 함께 건너시지요."

그러자 막연했던 성령님의 임재가 실재가 되었습니다.

"와! 정말 성령님께 말을 걸어도 되는구나."

나는 그날 이후부터 부지런히 성령님께 말을 걸으며 교회에 다녔습니다. 어느 날 주일예배가 끝나고 성도들 모두 김열방 목사님의 가정에 초대받아 점심 식사를 하게 되었습니다. 나는 그곳에서 너무 맛있는 식사를 대접받고 행복한 마음을 느꼈습니다.

그런데 제 작년에 잠실에 이사 오고 나서 목사님과 사모님께 이번에는 내가 요리한 맛있는 식사를 대접해 드리고 싶었습니다.

그래서 성령님께 물었습니다.

"성령님, 제가 김밥을 맛있게 싸서 김열방 목사님과 사모님께 식사를 꼭 대접하고 싶어요. 제가 제일 자신 있는 김밥을 만들어서 대접해도 될까요? 혹시 너무 간단하고 성의 없게 보이지 않을까요? 많은 재료로 한 상 거하게 차려야 하지 않을까요?"

"아니다, 잡곡 김밥을 싸 드리면 좋아하실 거야."

며칠 후 두 분을 모시고 우리 집에 있는 멋진 식탁에 둘러앉아 심방 예배를 드렸습니다. 이날 우리 가정에 주신 말씀입니다. "내 이름으로 무엇이든지 내게 구하면 내가 행하리라."(요14:14)

우리 가족은 목사님이 말씀하실 때 "아멘, 아멘" 하며 꿀같이 단 말씀을 들었습니다. 그리고 목사님은 우리 가족 각자의 머리 위에 손을 얹고 축복기도를 해주셨습니다. 나는 우리와 함께하시는 성령님의 모습에 너무 감사해서 기쁨의 눈물이 났습니다.

예배를 마치고 드디어 내가 만든 샐러드와 잡곡 김밥과 냉이 국을 내놓았는데 목사님과 사모님은 아주 맛있게 드셨습니다. 나는 한없이 행복했고 마음속으로 성령님께 이렇게 기도했습니다.

'성령님, 김열방 목사님과 김사라 사모님이 영원히 건강하게 해주세요. 몸속과 몸밖에 티끌 만한 상처도 없이 살게 해주세요. 저는 영원히 서울목자교회에서 귀한 말씀을 듣고 싶습니다. 아멘,

억만 번이나 감사합니다. 두 분이 영원히 건강하게 되었음.'

나는 예수님을 사랑하는 주님의 종을 한없이 귀하게 여깁니다.

나는 "예수님, 사랑합니다"라고 말하는 것을 서울목자교회에서 김열방 목사님에게 배웠습니다. 또한 내 삶 전반에 걸쳐 성령님을 인격적으로 모시도록 구체적인 언어를 가르쳐주셨고 수천수만 가지의 기도 응답을 받는 '믿음의 기도'를 가르쳐주셨습니다.

성령님께서 그분의 귀한 종을 통해 내가 제 2의 삶을 살게 하셨습니다. 그래서 나는 이 날 예배를 마치고 목사님과 사모님과 아이들과 함께 동영상을 촬영하며 이렇게 고백했습니다.

"예수님, 사랑합니다."
"예수님, 사랑합니다."
"예수님, 사랑합니다."

나의 사랑하는 성령님, 서울목자교회 김열방 목사님을 통해 귀한 말씀을 전해 주셔서 억만 번이나 감사합니다.

어린 아이도 자기 계발을 위해 책을 산다

당신은 어린 자녀가 있습니까?

나에게는 어린 자녀가 있습니다. 나의 셋째 아이는 나이는 다섯 살이지만 12월생이어서 올해 3돌이 지났습니다. 나는 며칠 전에 큰 아이에게 나의 새 책 〈천배축복비결〉을 구입하라고 권했습니다. 한참 책에 대한 설명을 하는데 이런 소리가 들렸습니다.

"엄마, 내가 살게."

"어, 가람아. 잠깐만, 엄마가 언니하고 얘기 끝나고."

책에 대한 설명을 이어가다가 성령님의 음성을 들었습니다.

"가람이 한테 먼저 책에 대해 얘기해."

나는 순간 지난번 성령님의 말씀이 떠올랐습니다.

"가람이는 큰 복음 전도자야."

"네? 성령님. 가람이는 이제 4살밖에 안되었는데요."

그런데 생각해보니 4살 된 가람이는 성령님을 좋아하고 늘 찬양하는 것을 즐거워하는 아이였습니다. 소파에서 뛰면서 "내게 강같은 평화" 하고 부르면 아빠가 따라 부르고, 시장에서 "할렐루야, 할렐루야" 하면 장사하던 아주머니가 들었습니다.

교회에서는 두 손을 들고 찬양하며 예배합니다.

나는 가람이에게 시선을 돌려서 말했습니다.

"가람아 이 책을 산다고? 이 책은 이만 원이야."

"나 돈 있어, 이천 원."

"그래? 그리고 보니 세뱃돈의 오분의 일 하고 남은 돈이 많네."

가람이는 모든 돈을 손가락 두 개를 펴서 이천 원이라고 말합니다. 그러나 나는 그 아이가 자라서 큰 사업가가 되었다는 것을 이미 기도하고 믿었기 때문에 그 아이에게 책을 팔았습니다.

성경에 예수님께서 한 아이가 가진 것으로 오천 명을 먹이고 남기신 이야기가 나옵니다.

"여기 한 아이가 있어 보리떡 다섯 개와 물고기 두 마리를 가지고 있나이다. 그러나 그것이 이 많은 사람에게 얼마나 되겠사옵

나이까? 예수께서 이르시되 이 사람들로 앉게 하라 하시니 그 곳에 잔디가 많은지라. 사람들이 앉으니 수가 오천 명쯤 되더라. 예수께서 떡을 가져 축사하신 후에 앉아 있는 자들에게 나눠 주시고 물고기도 그렇게 그들의 원대로 주시니라."(요 6:9~11)

우리는 크신 예수님을 닮아야겠습니다.

어떻게 하면 크신 예수님을 닮을 수 있을까요?

첫째, 받았다고 믿는 삶입니다.

예수님은 "오천 명을 먹이겠다"고 말로만 하신 것이 아니라 실제로 보리떡 다섯 개와 물고기 두 마리로 오천 명을 먹이고 남기셨습니다. 받았다고 믿고 계속 떡을 떼셨습니다. "펑펑" 하고 떡과 물고기가 계속 생겼습니다.

나는 주일 예배 때 들은 중요한 말씀을 기억합니다.

"여러분, 하나님은 천 명분 피자를 하루 만에 주십니다. 10억짜리, 100억짜리 기적을 천 명에게 주고도 남게 하십니다."

그렇습니다. 기도하고 구한 것을 받았다고 믿고 감사하면 기적이 일어납니다. 축사는 '감사 기도'입니다. 예수님이 축사하신 것처럼 감사하면 우리에게 10억짜리, 100억짜리 기적을 주십니다.

창조주 예수님이 당신에게 말씀하십니다. "그러므로 내가 너희에게 말하노니 무엇이든지 기도하고 구하는 것은 받은 줄로 믿으라. 그리하면 너희에게 그대로 되리라."(막 11:24)

둘째, 크게 생각하고 크게 꿈꾸어야 합니다.

당신은 어떤 꿈을 갖고 있습니까? 나는 꿈이 큽니다. 내 안에 가득히 계신 예수님의 영이신 성령님이 큰 꿈을 주셨습니다.

"가족들과 유럽 여행 다녀오기."

"한 달란트, 두 달란트, 열 달란트 곧 15억, 30억, 150억이 내 통장에 하루 만에 들어오는 것."

"100년 동안 자산가의 삶을 살기."

"100년 동안 책을 써서 수많은 사람에게 팔기."

"책과 강연을 통해 복음을 전하기."

"영원히 성령님과 1분 1초마다 교제하며 살기."

"전 세계 사람이 성령님을 인격적으로 모시며 사는 것."

성령님 안에서 시간 제한, 숫자 제한, 나이 제한이란 없습니다.

나는 큰 꿈이 성령 안에서 시간과 공간과 나이를 초월해 이미 다 이루어졌다고 믿습니다. 믿음은 바라는 것들의 실상입니다.

당신도 크신 성령님을 믿고 큰 꿈을 마음껏 꾸고 메모하십시오. 그러면 그 메모한 큰 꿈들에 성령님이 기적을 이루어 주십니다. "와, 꿈만 같아"라며 어느 순간 당신 자신이 그 꿈들을 모두 누리고 있는 것을 보게 될 것입니다. 이것을 꼭 믿기 바랍니다.

당신을 한없이 축복합니다.

부요 믿음만 생각하고 말하고 듣고 보기

당신은 부요 믿음을 듣고 삽니까?

나는 매주 '부요 믿음'에 대한 말씀을 듣습니다.

매일 부요 믿음이란 단어를 눈으로 보기도 합니다.

"부요하다"는 말을 사전에서 찾으면 '재물을 풍부하게 가지고 있다'고 나옵니다. "풍부하다"는 말은 '양이 넉넉히 많다'는 말로 '풍성하다'라고도 표현합니다. 당신의 삶은 부요합니까?

나는 모든 것에 모든 것이 넘치는 부요한 삶을 살고 있습니다.

나는 부요 믿음에 대해 듣고 본 대로 말하며 삽니다.

"나는 먹을 것이 많아."

"나는 입을 것이 많아."

"나는 화장품이 많아."

"나는 돈이 많아."

"나는 머리카락이 많아."

많은 것을 말하면 행복해집니다. 반면 "없다"고 말하면 속이 답답하고 한없이 초라해짐을 느낍니다. 그래서 나는 어차피 할 말이라면 "많다"를 선택합니다. "없다, 없다"고 말하는 사람은 있는 것도 빼앗깁니다. "많다, 많다"고 말하는 사람은 하나님이 더 많이 주십니다. 당신은 매일 입버릇처럼 하는 말이 무엇입니까? "없다, 없다"고 말하지 말고 "많다, 많다"고 말하십시오.

사도 바울은 부요 믿음만 생각하고 말했습니다.

"나의 하나님이 그리스도 예수 안에서 영광 가운데 그 풍성한 대로 너희 모든 쓸 것을 채우시리라."(빌 4:19)

내가 한 선택은 하나님이 골라 주신 것입니다.

내 안에 그리스도 예수님의 영이신 성령님이 가득히 계십니다.

성령님은 부요하신 분이며 모든 쓸 것이 풍성한 것을 기뻐하십니다. 그렇다면 우리 또한 모든 쓸 것이 풍성한 삶을 누려야 하지 않겠습니까? 당신이 부요한 삶을 살려면 어떻게 해야 할까요?

첫째, 부요 믿음을 가져야 합니다.

나는 모태 신앙인으로 자랐지만 처음부터 부요 믿음을 갖지는 못했습니다. '부요' 대신 '가난'이란 단어가 더 익숙했고 어디를 가든 내가 가진 것을 초라하게 여기며 드러내기를 부끄러워했습니다. 그러나 지금은 많이 달라졌고 아주 당당해졌습니다.

하나님은 내 안에 계신 성령님을 인격적으로 모시게 했고 성령님의 부요하심을 나도 누리도록 꾸준히 인도해 주셨습니다.

내 생각으로 이해되지 않는 힘든 상황에도 성령님은 한결같이 부요 믿음을 따라 말하도록 내 입을 벌리셨습니다.

"나는 부요하다."

"나는 억만장자다."

당신도 부요 믿음으로 살아야 합니다. 예수님이 십자가에서 당신과 나의 모든 가난을 다 짊어지셨으므로 우리는 부요합니다.

"우리 주 예수 그리스도의 은혜를 너희가 알거니와 부요하신 자로서 너희를 위하여 가난하게 되심은 그의 가난함을 인하여 너희로 부요케 하려 하심이니라."(고후 8:9)

둘째, 인생은 말하는 대로 살게 됩니다.

하루는 남편과 함께 잠실롯데몰에 산책하러 갔습니다.

남편은 아이의 옷을 사주고 싶어 했습니다.

"저 매장에 들어가서 가람이 옷을 좀 사줄까?"

"와, 세일 기간이네요. 그런데 가람이는 옷이 엄청 많아요. 사촌 언니한테 받은 옷까지 합치면, 가진 옷을 다 못 입혀요."

"그래?"

우리는 즐겁게 산책만 하고 롯데몰을 나왔습니다.

내가 평소에 "나는 옷이 많아"라는 말을 자주 쓰지 않았다면 롯데몰에서 가성비 좋은 옷을 발견했으니 꼭 필요하지 않은데도 바로 샀을지도 모릅니다. "많아"라는 말에 익숙하지 않으면 옷이 많아도 없는 것처럼 순간 착각에 빠지기 때문입니다. 예쁘고 가성비 좋다고 보이는 대로 사다 놓으면 많은 양의 빨래를 하는데 시간도 에너지도 너무 많이 소비됩니다. 세탁소에 맡기면 그만큼의 돈을 지불해야 합니다. 아기를 키울 때 필요한 옷만 적당하게 있으면 불필요한 소비를 하지 않게 되고 일단은 몸이 편합니다.

이처럼 부요 믿음이 있으면 꼭 필요한 소비만 하게 됩니다.

당신과 나는 성령님이 늘 모든 쓸 것을 풍성히 채우십니다.

이것을 믿고 부요 믿음을 생활 속에서 실천하기 바랍니다.

부요 믿음으로 듣고 보고 말하기 바랍니다.

당신은 이미 모든 것이 넘치는 억만장자입니다.

당신을 많이 축복합니다.

최고의 선생님께 가르침을 받으라

당신은 성령님과 외국어로 교제를 나눈 적이 있습니까?

나는 성령님과 외국어로 교제를 나눈 적이 있습니다. 나는 셋째 아이를 갖고 임신 9개월까지 유치원에서 근무했습니다. 유치원에서 일할 때 몇 분 정도 잠깐 자투리 시간이 있을 때면 나는 스타벅스 다이어리에 영어 일기를 쓰곤 했습니다.

"My Holy Spirit. Thank you for your help. Thank you so much. I love you."

몇 줄 안 되는 글로 성령님께 진심을 담아 말하면 성령님은 짧게 한마디 대답하곤 하셨습니다.

"I love you, too."

나는 요즘도 일어나서 이렇게 말하곤 합니다.

"Good morning Holy Spirit. I Love you."

그리고 성령님의 눈을 보며 미소를 짓습니다. 나는 기왕 외국어를 배우려면 최고의 선생님이신 성령님께 배우고 싶었습니다.

그래서 성령님과 함께 영어 책, 일본어 책, 중국어 책을 읽었습니다. 성령님과 함께 외국인과 화상으로 대화를 했습니다.

"성령님, 외국어로 함께 말씀해 주세요. 외국어로 온전한 복음을 전하게 해주세요."

나는 한번 기도하고 받았다고 믿었습니다.

"그러므로 내가 너희에게 말하노니 무엇이든지 기도하고 구하는 것은 받은 줄로 믿으라. 그리하면 너희에게 그대로 되리라." (막 11:24)

나는 이미 내가 외국어로 온전한 복음을 잘 전하는 사람이 된 것을 믿음의 눈으로 봅니다. 당신도 하나님이 주신 지혜가 가득하기 때문에 외국어를 잘 말할 수 있습니다. 어떻게 하면 될까요?

첫째, 당신이 예수님 안에서 천재임을 믿으십시오.

나는 주일예배 설교 말씀을 듣고 이렇게 따라 고백했습니다.

"나는 영어 천재다."
"나는 중국어 천재다."
"나는 일본어 천재다."
"나는 프랑스어 천재다."
"나는 러시아어 천재다"
"I am a genius in Jesus Christ."

당신도 그렇습니다. 당신은 그리스도 안에서 천재입니다.

"You are a genius in Jesus Christ."

둘째, 일상생활 속에서 외국어로 성령님과 대화하십시오.

그러면 지혜의 영이신 성령님께서 창의적인 말을 알려주시고 또 어려운 문장을 당신의 혀에 익히는 방법을 알려주십니다.

나는 큰딸이 초등학교 입학했을 때 학교에서 민든 부모 교육 프로그램에 등록했습니다. 하루는 원어민 선생님을 우리 집에 초대했는데 영어 단어만 생각나고 문장이 안 만들어져 대화하는데 애를 먹었습니다. 그 후로 성령님께 이렇게 말씀드리고 영어 문장을 읽어봤습니다.

"성령님, 영어 문장을 매끄럽게 말하도록 도와주세요."

조금 후에 성령님께서 답을 주셨는데 한 단어를 여러 번 반복해서 말한 후에 두 단어를 이어 반복해서 말하고, 잘되면 세 단어를 이어 반복해서 말하고, 계속 같은 방법으로 문장을 끊었다 이었다 하며 말하라고 하셨습니다. 그러자 긴 한 문장을 부드럽게 말할 수 있었습니다. 당신도 원하는 것을 성령님께 부탁하십시오. 그러면 창의적인 문제 해결 방법을 얻을 수 있습니다. 이것을 믿고 외국어로 성령님과 함께 교제를 마음껏 나누기 바랍니다.

당신은 외국어 천재입니다.

순수한 마음으로 설교 말씀 듣기

당신은 많은 사람 때문에 하나님의 말씀을 전하는 주의 종이 보이지 않은 적이 있습니까? 나는 많은 사람 때문에 하나님 말씀을 전하는 주의 종이 안 보인다는 말을 들은 적이 있습니다.

나는 가족과 함께 잠실에 있는 서울목자교회에 다닙니다. 이번 주도 꿀같이 단 하나님 말씀을 메모해 가며 듣고 있었는데, 소파에 서 있던 5살 된 셋째 아이가 까치발을 하며 말했습니다.

"엄마, 안보여요."

"어, 뭐가? 잘 보이잖아."

"아니야, 안 보여요. 사람들이 많아."

"누구를 보는데?"

"목사님이 안보여."

"아, 목사님."

나는 목사님이 보드 판에 적는 것을 따라 적고 싶어 하는 딸을 모자실 안에 있는 선반 위로 올려 주었습니다. 그제야 아이가 잘 보인다며 볼펜을 끼적대며 적어 나갔습니다. 그때 나는 하나님이 정말 신기하신 분이라는 생각이 들었습니다.

'어린아이부터 노인까지 어쩜 이렇게 하나님 말씀을 집중해서 잘 듣지? 서울목자교회는 정말 귀한 교회구나.'

성경에 누가복음 19장을 보면 예수님과 삭개오의 이야기가 나옵니다. 여리고로 들어가 지나가는 예수님을 보려고 사람들이 많이 모였습니다. 그때 부자 세리장인 삭개오도 예수님을 보고 싶어 했습니다. 그런데 그는 키가 작아서 많은 사람들 틈에서 예수님을 볼 수 없었습니다. 삭개오는 돌무화과나무에 올라갔는데 예수님께서 그 삭개오를 보시고 말씀하셨습니다.

"삭개오야, 속히 내려오라. 내가 오늘 네 집에 유하여야 하겠다 하시니 급히 내려와 즐거워하며 영접하거늘……."(눅 19:5~6)

삭개오는 예수님을 믿지 않는 죄인이었습니다. 그러나 예수님을 나무에 올라가서라도 보고 싶을 정도로 사모했고 결국 예수님을 믿고 죄를 사함 받아 의인이 되었습니다.

나는 5살 된 어린 딸을 보며 깨달았습니다. 무엇일까요?

첫째, 순수하게 사모하는 마음입니다.

'나도 1년 52주 52번, 그리고 영원히 주일 예배 시간에 이 어린 아이처럼 하나님의 말씀 듣기를 사모하는 사람이 되고 싶다. 하나님이 얼마나 기뻐하실까.'

나는 말씀 전하는 목사님 옆에 계신 성령님을 보며 이렇게 고백했습니다.

"성령님, 사랑합니다."

둘째, 전체적으로 보아야 한다는 것입니다.

우리 교회는 하나님의 말씀을 듣기 위해 앉아 있는 사람들이 많습니다. 300만 명은 아니지만 어린아이가 설교하시는 목사님을 보고 싶어서 가구 위에 올라가서 보아야 할 만큼 많습니다. 나는 예수님을 사랑하는 사람들 300만 명이 서울목자교회에서 신령과 진정으로 예배드리고 있음을 기도하고 이미 받았다고 믿습니다.

"그러므로 내가 너희에게 말하노니 무엇이든지 기도하고 구하는 것은 받은 줄로 믿으라. 그리하면 너희에게 그대로 되리라"(막 11:24)고 말씀하신 대로 믿음의 기도는 반드시 응답됩니다.

하나님은 하루 만에도 300만 명을 보내 주십니다.

누군가는 "직접 보니 숫자가 적은 교회네"라고 말할지도 모릅니다. 그러나 어린아이와 같이 순수하게 받았다고 믿으면, 많은 사람들 때문에 고개를 이쪽저쪽으로 돌려보아도 앞에서 하나님의 말씀을 전하는 김열방 목사님이 잘 안보입니다. 나는 모자실에 앉아서 예배드릴 때 잘 안보여서 서서 예배드릴 때가 많습니다.

설교 말씀 중에 이런 말씀이 있었습니다.

"여러분, 우리 교회는 하늘의 별과 같고 바닷가의 모래와 같은 많은 성도가 예배하고 있습니다."

사람은 단지 나의 눈으로만 보고 말할 수 있지만 하나님의 눈은 어린아이에서부터 노인들까지 그들의 마음과 생각을 전체적으로 보고 말씀하십니다. 이것을 믿고 하나님을 사랑하는 중심으로 살아가십시오. 그리고 하나님이 지금 당신에게 주신 것을 성령님과 함께 즐겁게 누리며 하루하루를 행복하게 보내기 바랍니다.

당신을 한없이 축복합니다.

성령님과 교제하면 자동으로 성실해진다

당신은 하루하루 성실하게 삽니까?

나는 성령님과 함께 성실한 삶을 삽니다. 나는 아침에 일어나면 하루도 빠짐없이 성실하게 천장을 보며 입을 열고 말합니다.

"성령님, 안녕하세요. 오늘도 좋은 아침이에요. 오늘도 성령님과 함께 보고 듣고 생각하고 걷고 뛰게 해주세요."

나의 성실함은 어디서 왔을까요?

첫째, 하나님으로부터 왔습니다.

어느 주일 설교 말씀 중 이런 내용을 들었습니다.

"여러분, 아침마다 하나님이 우리를 찾아오십니다. 하나님의 성실함입니다."

물론 365일 24시간, 내 안에 성실하신 하나님의 영, 곧 성령님이 가득히 들어와 계십니다. 그러므로 이 말씀은 하나님이 아침마다 인격적으로 나를 반기며 만나 주신다는 뜻입니다.

내가 하는 일은 성실하신 성령님을 의지하는 것입니다. 그러면 나는 매사에 성실한 사람이 됩니다. 나는 이렇게 말합니다.

"성령님, 안녕하세요."

"성령님, 오늘 결제할 것들은 어떻게 할까요?"

"성령님, 함께 음악을 들으며 운동하시지요."

"성령님, 눈이 옵니다. 오늘 자전거를 타지 말까요?"

"성령님, 책을 쓸 때 온전한 복음을 잘 전할 수 있게 최고의 지혜를 주세요."

"성령님, 식사는 어떻게 할까요? 아까 TV에서 보았던 '나는 자연인이다'에 나온 비빔밥을 만들어 보고 싶어요."

"성령님, 오늘 하루 저 대신 정말 수고 많으셨어요. 이제 자겠습니다. 억만 번이나 행복합니다. 억만 번이나 감사합니다."

나와 함께 계신 하나님은 선하시고 인자하시고 성실하십니다.

"여호와는 선하시니 그의 인자하심이 영원하고 그의 성실하심이 대대에 이르리로다."(시 100:5)

둘째, 책을 읽고 깨달음을 얻으며 성실해졌습니다.

나는 아침에 일어나면 책이나 오디오북부터 손에 잡습니다.

성령님이 내 안에 계신지 몰랐을 때는 일어나서 무엇을 먼저 해야 할지 순서를 잘 몰랐습니다. 그러나 성령님과 아침 인사를 나누고 나면 성령님이 말씀하십니다.

"책의 앞표지를 읽어라."

"말씀 테이프를 틀어라."

요즘은 자동으로 책이 손에 잡히고 자동으로 오디오 버튼을 누릅니다. 그때 얻은 깨달음으로 최선을 다해 책을 씁니다. 그러면 놀랍게도 내 삶과 깨달음이 듬뿍 담긴 천재적인 책이 됩니다.

셋째, 성실하게 아이들을 코치합니다.

나는 겨울방학 때 집에 있는 큰딸과 함께 거의 매일 같이 지냈습니다. 우리는 꾸준히 몸에 좋은 깨끗한 집밥을 해먹었습니다. 먹기 전 큰딸의 눈을 보며 "성령님, 함께 드시지요" 하며 먹으면 딸도 성령님께 말씀드리고 밥을 먹습니다. 우리는 마음을 다해 항상 똑같이 말합니다. 성령님은 늘 성실하게 우리와 함께해 주십니다. 당신도 성실하신 하나님을 의지하십시오. 그분이 오실지 안 오실지에 대해 걱정하지 마십시오. 당신 자신이 성공할지 못할지에 대한 불안함도 떨쳐 버리십시오. 그 대신 성령님이 항상 성실하게 당신 안에 가득히 들어와 계신 것을 믿으십시오. 이미 믿음으로 성공했음을 알고 행복한 마음으로 지내기 바랍니다.

그러면 어느 날 하나님이 하루 만에 다 주십니다.

나에게 가장 큰 기적은 세 명의 자녀다

당신에게 큰 기적은 무엇입니까?

나에게 큰 기적은 자녀가 있는 것입니다.

아침에 거울을 보며 머리를 빗다가 문득 옆에 있던 가족사진을 보았습니다. "나에게 세 자녀를 주시다니……."

나는 세 자녀들을 볼 때면 한없이 행복합니다. 5살짜리 딸을 보면 저 아이가 우리 집에 살고 있는 아이인지 신기할 때가 많습니다. 나는 이 큰 기적에 감사가 터져 나옵니다.

"성령님, 억만 번이나 감사합니다. 너무 행복해요."

자녀 한 명은 얼마의 가치가 있을까요? 100조 원이 넘습니다.

한 사람의 몸에는 100조 개 이상의 세포가 있고, 세포 한 개당 1원이라고 해도 100조 원의 가치가 있습니다. 그렇다면 자녀 한 명은 100조 원 이상의 엄청난 재산 가치가 있는 대기업입니다.

"보라, 자식들은 여호와의 기업이요 태의 열매는 그의 상급이로다"(시 127:3)라고 했습니다. 나는 대기업 회장님입니다.

나는 하나님께 받은 큰 기적에 감사해서 어떻게 하면 하나님이 기뻐하시는 하루를 살지 고민했습니다. 하나님은 내가 책을 읽는 동안 이 고민에 대한 깨달음을 주셨습니다. 무엇일까요?

첫째, 하나님을 사랑하면 하나님이 기뻐하십니다.

사랑하는 사람에게는 사랑한다고 말합니다. 그래서 나는 내 안에 계신 하나님의 영이신 성령님께 이렇게 말합니다.

"성령님, 사랑합니다."

사랑하는 사람과 있으면 한 시간이 1분 같습니다. 너무 행복하니까 시간가는 줄 모르기 때문입니다. 나도 그렇습니다. 성령님과 지내다 보면 하루가 어떻게 갔는지 모를 정도로 빠르게 지나가고 잠잘 시간이 되면 행복한 마음으로 잠에 듭니다.

"성령님, 억만 번이나 행복합니다" 하고 내가 말하면 성령님이 한없이 기뻐하십니다. 나는 믿음의 눈으로 그분을 봅니다.

둘째, 복음이 전파되는 큰 기적을 기뻐하십니다.

사람이 자녀를 낳으면 그 어떤 기적이 일어난 것보다 기쁩니다. 하나님도 한 사람이 주님의 복음을 깨닫고 돌아오는 것을 가장 기뻐하십니다. 나는 언제 어디서나 복음 전도를 생각합니다.

그러다 기회가 올 때 성령님께 물으면 성령님은 말씀하십니다.

"지금 그 사람이 온전한 복음이 담긴 책을 사도록 부탁해."

"택시 기사가 예수님을 구주로 믿도록 대화를 유도해."

그러면 곧 내가 생각지 못했던 큰 기적이 일어납니다. 택시 기사님은 예수님을 믿겠다며 "네" 하고 대답합니다. 그러면 내 눈앞에 계신 하나님이 정말 기뻐하십니다.

당신에게도 오늘 큰 기적이 일어날 것을 믿으십시오.

하나님을 사랑하면 큰 기적이 당신의 삶에 매일 쏟아집니다.

매일 아침, 다윗처럼 하나님을 사랑한다고 고백하십시오.

"나의 힘이신 여호와여, 내가 주를 사랑하나이다."(시 18:1)

모든 면에 있어 양면성을 인정한 이야기

당신은 양면성을 인정하며 살고 있습니까?

나는 모든 면에 있어 양면성을 인정하며 삽니다. 하루는 집안의 인테리어를 변경하려고 집에 있는 가구를 이용해 책장을 꾸미고 새롭게 책을 진열했습니다. 그러자 한 아이가 말했습니다.

"와! 정말 있어 보여요."

내가 보기에도 정말 럭셔리했습니다. 그러나 저녁에 집에 돌아온 가족 중 한 명은 전혀 다르게 말했습니다.

"인테리어가 맘에 안 들어."

나는 순간 당황했고 그 부정적인 말을 인정하기 싫었습니다.

그러나 성령님은 내게 이렇게 말씀하셨습니다.

"인테리어를 그 사람에게 맞게 살짝만 변경해 놔. 은하야, 인생에는 긍정적인 말도 있지만 부정적인 말도 있단다. 부정적인 사람의 말도 이해하고 받아들여야 해. 잘하고 있다."

"성령님, 귀한 지혜, 억만 번이나 감사합니다."

나는 마치 동전이 가진 양면성처럼 다른 사람들의 긍정적인 말과 부정적인 말을 모두 인정하기로 했습니다. 복음도 그렇습니다.

예수님이 고통당하심으로 우리가 행복해졌습니다.

"그가 찔림은 우리의 허물 때문이요 그가 상함은 우리의 죄악 때문이라. 그가 징계를 받음으로 우리는 평화를 누리고 그가 채찍에 맞음으로 우리는 나음을 받았도다."(사 53:5)

예수님이 내 죄를 없애려고 찔리고 상하고 징계를 받고 채찍에 맞아 죽으셨습니다. 눈물 나게 슬프지만 우리는 다 이루신 예수님의 영이신 성령님을 바라보며 기뻐해야 합니다.

"다 이루었다."(요:19:30)

예수님이 다 이루신 순간 우리 안에서 어둠이 떠나가고 빛이 가득히 들어왔습니다. 당신이 지금 예수님을 믿는다고 말하는 순간 어둠의 죄목병가어징죽(죄, 목마름, 병, 가난, 어리석음, 징계, 죽음)이 떠나가고 의성건부지평생(의, 성령 충만, 건강, 부요, 지혜, 평화, 생명)이 당신 안에 가득합니다. 당신을 의인으로 만드시려고 고난 받으시고 죽었다가 부활하신 예수님을 믿으십시오.

빛과 어둠의 양면성을 인정하며 빛 가운데 거하십시오.

빛이 가득한 사람은 무엇을 인정하는 삶을 살까요?

첫째, 성령님이 가득히 내 안에 계심을 인정합니다.

나는 매순간 믿음의 눈으로 선명하게 성령님을 봅니다.

"성령님, 지금 저와 함께 해주세요."

그러면 성령님은 그분의 눈으로 모든 것을 보게 하십니다. 더러운 것을 깨끗한 것으로 보고 부정적인 말을 긍정적인 말로 바꾸어 말하게 하십니다. 당신도 성령님의 시야를 가지십시오.

내가 하루는 스타벅스에서 책을 쓰다가 핸드폰을 충전해야 했습니다. 내 자리는 충전이 불가능해서 다른 자리로 옮겼습니다. 옮기는 과정에 컵에 남은 커피를 테이블에 한가득 쏟았습니다. 테이블이 더러워졌습니다. 순간 자동으로 말이 튀어나왔습니다.

"앗, 성령님."

나는 바로 냅킨을 가져다 테이블을 닦으며 깨달았습니다.

"아까 더러운 테이블을 보며 앉아 있었는데 자리를 옮기며 탁자를 커피 물로 닦으니 테이블이 빛이 나고 깨끗해졌어. 이쪽 자리로 옮기길 잘했어. 성령님, 억만 번이나 감사합니다."

나는 더러움이 아닌 깨끗함을 인정했습니다. 커피를 쏟아서 짜증이 날 뻔한 상황을 감사한 마음으로 기뻐했습니다.

둘째, 하나님이 보실 때 우리 인생은 드라마 같습니다.

나는 세 자녀가 있습니다. 딸 둘과 아들 하나가 있는데 나는 아이들과 즐거운 일상을 보냅니다. 하하호호 거의 매일 웃습니다. 그런데 매순간 웃음만 있을까요? 아닙니다. 나는 자녀에게 큰소리로 화를 내기도 하고 일부러 그들이 싫어하는 잔소리를 하기도 하며 그들의 꿈과 소원에 대해 부정적으로 말하기도 합니다.

한 아이가 축구에 관련된 꿈을 가졌습니다.

나는 그 아이의 인생에 대해 악역을 자처했습니다.

"나는 네가 그 꿈을 이루겠다고 각종 첨가물이 들은 음식을 먹으면서 돌아다니는 게 싫어, 그만둬."

"운동한다고 발목 인대가 늘어나는 게 싫어."

"아무리 멀리 전지훈련을 가더라도 토요일 밤까지는 끝내고 기차나 버스를 타고 서울목자교회에 와서 꼭 예배를 드려야 해. 차편을 미리 알아 봐. 안 그럼 안 돼. 네 인생에서 하나님을 경외하는 것이 그 무엇보다 가장 중요해."

내 악역에도 불구하고 그 아이는 낙심하지 않고 자기 인생에 꿈을 가지고 계속 나아갑니다. 어쨌든 나는 아이를 코치합니다.

당신도 매사에 하나님을 인정하면서 가족을 코치하십시오. 그러면 결국 부정의 말이 긍정의 말로 바뀌고, 단점이 장점으로 바뀌며, 상처받지 않고 강해지며, 어두운 얼굴이 환하게 빛나게 됩니다. 하나님은 당신을 가정의 코치로 세우셨습니다. 온 가족이 하나님을 경외하도록 돕는데 있어 악역을 두려워하지 마십시오.

스트레스는 잠깐이고 온 가족이 하나님을 경외하게 됩니다. "우리가 알거니와 하나님을 사랑하는 자 곧 그의 뜻대로 부르심을 입은 자들에게는 모든 것이 합력하여 선을 이루느니라."(롬 8:28)

끈기 있는 사람이 행복한 마음을 유지한다

당신은 끈기 있는 사람입니까?

나는 끈기 있는 사람입니다. 그래서 항상 행복합니다.

그러나 어렸을 때부터 성장기를 되짚어 보면 나는 그리 끈기 있는 사람이 아니었습니다. 초등학교 때 피아노를 치고 싶어서 학원에 보내 달라고 엄마에게 매달렸습니다. 엄마는 읍내에 있는 피아노 학원에 나를 데려가 등록해 주었습니다. 얼마 동안 재밌었는데 가면 갈수록 악보는 어려워지고 선생님은 내 머리에 꿀밤을 때렸습니다. 몇 년쯤 되자 피아노 학원을 끊게 되었습니다.

공부할 때, 운동할 때, 직장에 다닐 때 나는 끈기 있게 하지 않았습니다. 그렇게 끈기는 없었지만 포기하지는 않았습니다.

'내가 하고 싶을 때 또 할 거야.'

나는 내가 원했던 것을 완전히 포기하지 않았습니다. 내 안에 계신 하나님께서 포기하지 않는 마음을 주셨기 때문입니다. 그리고 나는 결국 다시 시작하고 내가 원하는 것을 얻게 되었습니다.

일단 작게라도 시작하는 것이 중요합니다. 시작하면 갑니다.

인생은 에스컬레이터와 같기 때문에 일단 발을 먼저 내밀어야 합니다. 한 걸음만 발을 내밀고 몸을 올리면 자동으로 올라갑니다. 어떤 일이든 발을 내밀며 시작하는 것이 중요합니다. 그러면 나중에 창대해집니다. "네 시작은 미약하였으나 네 나중은 심히 창대하리라"(욥 8:7)고 말씀했기 때문입니다.

어릴 때 주변 곳곳에서 보던 이 말씀이 나의 마음에 평안을 주었습니다. 그리고 지금의 나는 끈기까지 더해졌습니다. 나는 끈기 있게 하나님과 동행하는 삶을 살고 있습니다. 하나님의 영이신 성령님이 내 안에 한강처럼 철철 흐르고 계신다는 것을 알게 되자 즉시 나는 성령님을 인격적으로 모시기 시작했습니다.

"성령님, 함께 걸으시지요."

"성령님, 저와 함께 뛰어 주세요."

"성령님, 이 문제를 해결해 주세요."

"와! 성령님, 됐어요. 성령님 덕분에 장애물을 뛰어넘었어요. 억만 번이나 감사합니다."

"성령님과 함께라면 뭐든지 할 수 있어요."

당신도 성령으로 살고 성령으로 행하십시오. 그러면 능치 못할 것이 없습니다. "만일 우리가 성령으로 살면 또한 성령으로 행할지니……."(갈 6:25) 성령님과 함께라면 세상 모든 것이 쉽습니다.

성령님과 함께 살기만 했는데 성령님께서 모든 것을 움직이셔서 채워 주시고 기적적으로 이루어 가고 계십니다. 당신도 무엇이든 포기하지 말고 끈기를 가지고 살아가십시오.

끈기를 다른 말로 하면 '인내'인데 이것은 성령의 열매 중 하나입니다. 당신 안에 성령님이 가득히 들어와 계신다면 인내의 능력 또한 가득합니다. 인내의 능력을 발휘하면 여유가 생깁니다.

'하루살이 마인드'로 조바심을 갖지 말고 '천년 마인드'로 여유롭게 살아가십시오. 당신 안에 가득한 끈기의 힘을 발휘하십시오.

어떤 부분에 끈기를 발휘해야 할까요?

첫째, 선한 것에 끈기를 가지십시오.

악한 것에 끈기를 가지면 모두 함께 망합니다. 악한 것을 차단하고 오직 선을 행하시는 성령님을 바라보고 끈기 있게 나아갈 때 모든 것을 거두게 됩니다. "우리가 선을 행하되 낙심하지 말지니 포기하지 아니하면 때가 이르매 거두리라."(갈 6:9)

둘째, 평안한 마음으로 사십시오.

나는 모태 신앙인으로 자랐습니다. 43년 동안 평안한 마음 하나만은 따라올 자가 없을 정도로 끈기를 가지고 평안함을 누렸습니다. 설령 사람들이 손가락질할 때도 내 마음은 평안했습니다. 왜일까요? 하나님이 내 안에 가득히 계시기 때문입니다.

하나님이 가득히 계시면 마음이 평안합니다. 내가 쓴 책 〈아, 내 안에 하나님이 가득하다〉를 꼭 구입해서 읽어보기 바랍니다. 그 책을 통해 당신에게도 한없는 평안이 생길 것입니다. 그 평안을 당신에게 빼앗아 갈 사람도 어떤 법도 없습니다. 이것을 믿고 끈기를 잃지 말고 행복한 마음으로 살기 바랍니다.

나는 존귀한 일만 하는 존귀한 사람이다

당신은 존귀한 사람입니까?

나는 그리스도 안에서 매우 존귀한 사람입니다.

카페에서 책을 읽던 어느 날 성령님이 말씀하셨습니다.

"은하야, 너는 존귀한 사람이다."

"네, 성령님. 저는 존귀한 사람입니다. 저를 존귀한 사람으로 만들어 주셔서 억만 번이나 감사합니다."

존귀(尊貴:지위나 신분이 높고 귀하다)란 단어를 사전에서 찾아보면 '존귀한 신분과 존귀한 자리'가 함께 적혀 있습니다. 나는 하나님을 아빠라고 부릅니다. 육체의 아버지도 나의 아빠지만 나는 그 아버지와 늘 함께 다닐 수는 없습니다. 그러나 하나님 아빠는 천지를 창조하시고 우주 만물을 지으신 크신 분이시며 성령으로 인격을 가지고 내 안에 오셔서 나와 항상 함께 다니십니다.

"성령님, 함께 가시지요"라고 말씀드리면 그분이 내가 갈 곳을 세미한 음성으로 말씀해 주십니다.

"지금은 산책하러 가자."

"카페에 가서 책 읽고 깨달음을 얻자."

"내가 지시하는 사람에게 카톡으로 온전한 복음을 전해라."

"그 모임은 카톡으로만 가끔 대해 주어라."

"그곳에 오래 머물지 마라."

그래서 나는 항상 존귀하신 성령님과 함께 존귀한 자리에만 다닙니다. 내가 성령님을 몰랐을 때는 존귀한 자리가 아님에도 불구하고 사람들의 분위기를 맞추기 위해 술자리에도 갔고 남의 흥을 보는데 앉아 그들과 말을 섞기도 했습니다. 그러나 성령님을 모시고 다니면서 나는 그런 모임을 모두 차단했습니다.

예수님을 믿는 당신 안에도 이미 성령님이 가득히 들어와 계십니다. 그러므로 당신도 존귀한 삶을 살 수 있습니다.

존귀한 삶을 살기로 선택하면 어떻게 될까요?

첫째, 존귀하신 성령님과 함께 하루를 보낼 수 있습니다.

둘째, 성령님을 모시고 다니기 때문에 존귀한 자리에만 다니게 됩니다. 죄를 짓는 천박한 자리에는 가지 않게 됩니다.

나는 부정적인 말을 하는 모임에서는 즉각 일어납니다. 그곳에 있지 않으면 부정적인 말을 들을 일이 없습니다. 긍정적인 말을 하고 살기도 짧은 인생입니다. 긍정적인 말하기를 좋아하십시오.

"와! 억만 번이나 행복합니다."

"와! 억만 번이나 감사합니다."

셋째, 나를 정죄하지 않게 됩니다.

나는 예전에 내 주변 사람들이 화를 내거나 기분이 좋지 않으면 다 내 탓이라고 생각했습니다. 그러나 지금은 그렇지 않습니다. 그 사람 내면의 문제가 해결되지 않아 그런 것이지 내 탓이 아닙니다. 그 사람은 몇 시간 후 또는 며칠 후 심지어는 몇 분 후에 미소 짓고 돌아다닙니다. 내면의 문제가 해결되면 자신이 언제 찡그리고 화냈는지도 모릅니다. 내가 거기에 휘둘려 함께 찡그리고 화낼 필요가 없습니다. 그래서 나는 나를 정죄하기보다 순간마다 성령님을 의지하며 도움을 구합니다.

"성령님, 저분을 도와주세요. 부탁합니다."

그러면 사람이 아닌 성령님을 바라보며 넓은 마음을 갖게 됩니다. 성령님의 마음으로 넓고 높고 크게 바라보십시오.

당신은 존귀한 사람입니다. 당신 안에 우주에서 가장 높고 존귀하신 예수님이 실제로 살아 계시기 때문입니다.

자동으로 날마다 행복한 이야기

당신은 비빔밥을 좋아합니까?

나는 비빔밥을 엄청 좋아합니다.

나는 요즘 방학이어서 집에 있는 큰딸과 점심밥을 먹습니다.

큰딸은 냉장고에 있는 재료만으로도 자기 나름대로 새콤달콤한 맛있는 비빔밥을 만듭니다. 비빔밥을 만들 때 익은 김치를 한 주먹 썰어 볶은 후 양푼에 볶은 김치, 시금치, 고추장, 참기름, 발사믹 식초를 넣고 뚝딱 만들어 옵니다. 이 글을 쓰는데도 비빔밥이 머릿속에 그려지니 자동으로 내 입에 침이 고입니다.

자동으로 내 입에 침이 고이는 것처럼 나는 성령님의 얼굴을 떠올릴 때마다 일상생활에서 자동으로 복을 받고 삽니다. 성령님은 인격자이십니다. 영이시므로 눈에 보이지는 않지만 나는 믿음의 눈으로 내 앞에 임해 계신 성령님의 얼굴을 바라봅니다.

그러면 어떤 일이 일어날까요?

첫째, 성령님의 얼굴을 떠올리면 자동으로 얼굴에 환한 미소가 지어집니다. 다윗이 그랬습니다. "다윗이 그를 가리켜 이르되 내가 항상 내 앞에 계신 주를 뵈었음이여, 나로 요동하지 않게 하기 위하여 그가 내 우편에 계시도다. 그러므로 내 마음이 기뻐하였고 내 혀도 즐거워하였으며 육체도 희망에 거하리니 이는 내 영혼을 음부에 버리지 아니하시며 주의 거룩한 자로 썩음을 당하지 않게 하실 것임이로다. 주께서 생명의 길을 내게 보이셨으니 주 앞에서 내게 기쁨이 충만하게 하시리로다."(행 2:25~28)

다윗은 항상 "내 잔이 넘친다"(시 23:5)고 고백했습니다.

나도 다윗처럼 항상 내 잔이 넘친다는 '넘침 마인드'로 생활합니다. 그러면 그 믿음대로 실제로 항상 모든 것이 넘칩니다.

내가 걸을 때나 밥 먹을 때, 일할 때나 쇼핑할 때, 카페에 있을 때 성령님은 늘 한결 같이 내 마음에 이렇게 말씀하십니다.

"은하야, 억만 번이나 감사해라. 억만 번이나 행복해 해라."

"성령님, 참으로 억만 번이나 감사합니다. 억만 번이나 행복합니다. 사랑해요. 많이……."

나는 이런 대화를 나누면서 행복하게 생활합니다. 그러면 실제로 내 잔이 넘쳐서 웃음이 가득한 일상을 보냅니다.

둘째, 성령님의 음성을 들으면 복을 받습니다.

나는 오전에 카페에서 책을 읽고 핸드폰으로 사진을 여러 번 찍습니다. 그런데 핸드폰에 붙어 있는 방탄 필름에 굵은 스크래치가 있었습니다. 침대 사이에 떨어진 핸드폰을 꺼내다가 긁혔던 것입니다. 성령님께서 내 마음에 말씀하셨습니다.

"오늘 집에 가다가 핸드폰 샀던 대리점에 들러라."

"네, 성령님."

나는 성령님께 대답은 했지만, 방탄 필름을 새것으로 간지 얼마 안 되어서 대리점에 갈까 말까 망설였습니다. 그리곤 대리점을 100미터 정도 지나쳤을 때 다시 음성이 들렸습니다.

"하기 꺼려지는 것을 하는 습관을 들여야 한다. 하고 싶은 것만 하고 살면 네 인생에 무슨 변화가 있겠니?"

나는 그 음성을 듣고 돌아가 핸드폰 대리점으로 들어갔습니다.

"사장님, 수고 많으시네요."

나는 미소 지으며 내 힘과 돈을 들이지 않고 새 방탄 필름을 붙이고 왔습니다. 집에서 책 쓰기를 마무리하는데 화면이 깨끗하고 잘 보여서 기분이 좋았습니다. 나는 성령님께 말씀드렸습니다.

"성령님, 억만 번이나 감사합니다. 억만 번이나 행복합니다."

당신이 예수님을 믿는다고 말하는 순간부터 성령님께서 당신 코 속으로 "훅" 하고 들어오셨습니다. 이것을 믿고 성령님과 마음껏 대화를 나누고 행복이 자동으로 가득한 삶을 살기 바랍니다.

"주께서 내 마음에 두신 기쁨은 그들의 곡식과 새 포도주가 풍성할 때보다 더하니이다."(시 4:7)

나의 모든 것은 하나님이 주신 것이다

당신은 탈 것을 잘 관리합니까?

나는 탈 것을 잘 관리합니다. 우리 집에는 탈 것이 여러 개 있습니다. 아이가 타는 유모차, 아들 자전거, 내 자전거, 어린이 태우는 자전거, 남편 차, 믿음으로 받은 내 차 등 각종 탈 것이 있습니다. 나는 지난 가을에, 어린이 태우는 자전거를 남편이 셋째 딸을 태우고 다녀서 내 자전거가 한 대 더 필요했습니다.

나는 소원 목록에 적었습니다.

"성령님, 남편하고 아이하고 함께 자전거 타고 한강에 가고 싶어요. 자전거를 한 대만 더 주세요."

그리고 한 달 동안 아들이 친구 만나는 장소에 가서 아들 자전거를 빌려다 탔습니다. 나는 하나님이 내 자전거 주실 날을 손꼽아 기다렸습니다. 어느 추석날 시골에 있는 친정에 갔습니다.

창고에 새 자전거가 한 대 있었습니다.

자전거를 살피던 내게 엄마가 말씀하셨습니다.

"은하야, 네가 그 자전거 탈래? 아빠가 동네 행사 때 당첨되어서 받은 자전거인데 탈 사람이 없다."

"제가 탈게요. 엄마 아빠, 고마워요."

나는 너무 좋아 기뻐 뛰며 춤을 추었습니다.

"와! 하나님, 억만 번이나 감사합니다."

남편이 자전거를 분리해서 차 트렁크에 싣고 와서 우리 집 주차장에서 조립해 주었습니다. 나는 새 자전거를 지금도 깨끗하게 관리하며 잘 타고 있습니다. 먼지를 닦고 눈과 비를 맞지 않도록 잘 둡니다. 자전거 페달 밟을 때 낯선 소리가 나면 자전거 가게에 가서 손을 봅니다. 그때마다 사장님들은 돈을 받지 않고 점검을 해줍니다. 나의 모든 것은 내 것이 하나도 없습니다. 다 하나님이 주신 것입니다. 그래서 나에게 있는 모든 것을 잘 관리합니다.

하나님은 관리를 잘하는 사람에게 더 많이 주십니다.

우리는 청지기요 하나님은 만물의 주인이십니다.

"이는 만물이 주에게서 나오고 주로 말미암고 주에게로 돌아감이라 영광이 세세에 있을지어다. 아멘."(롬 11:36)

우주 만물을 모두 하나님이 만드셨는데 어떤 것일까요?

첫째, 내 몸을 하나님이 만드셨습니다.

얼마 전에 셋째 딸이 어린이집 생일 선물로 클레이(점토 중 하나)를 선물로 받아왔는데 우리는 그걸 주물럭거리며 놀았습니다.

"엄마, 야옹이 만들어 줘."

"그래."

나는 최대한 예쁘게 야옹이를 만들었습니다.

하나님 아버지도 나를 진흙으로 만드셨습니다.

"여호와여, 주는 우리 아버지시니이다. 우리는 진흙이요 주는 토기장이시니 우리는 다 주의 손으로 지으신 것이라."(사 64:8)

하나님은 예쁘게 아주 예쁘게 나를 만드셨습니다.

나는 거울을 보며 자주 이렇게 말합니다. "하나님, 저를 건강하고 예쁘게 만들어 주셔서 억만 번이나 감사합니다."

그러므로 우리는 자신의 몸을 적절한 음식, 적당한 운동, 충분한 수면으로 잘 관리해야 합니다. 우리의 몸은 우리 것이 아니요 하나님의 성령의 전이기 때문입니다. "너희 몸은 너희가 하나님께로부터 받은 바 너희 가운데 계신 성령의 전인 줄을 알지 못하느냐? 너희는 너희의 것이 아니라."(고전 6:19)

둘째, 만물이 다 하나님이 이루신 것입니다.

"천지와 만물이 다 이루어지니라."(창 2:1)

그러므로 내가 가진 모든 것 곧 남편, 자녀, 이웃, 집, 차, 물건, 돈 등이 다 주님의 것임을 인정하고 그것을 내 안에 계신 주인님이신 성령님께 묻고 그분의 음성을 따라 잘 관리해야 합니다.

첫째로 당신의 몸을 잘 관리하고 둘째로 하나님이 주신 모든 물건을 잘 관리하십시오. 하나님은 몸도 물건도 건강하고 소중하게 잘 관리하는 사람에게 더 많은 것을 맡기는 좋은 분이십니다.

이것을 믿기 바랍니다. 당신을 한없이 축복합니다.

천국의 빛이 가득한 삶을 살라

당신의 집은 따뜻한 햇살이 비칩니까?

우리 집은 따뜻한 햇살이 잘 비칩니다. 나는 오후에 아이와 함께 거실 의자에 햇빛을 받으며 앉아 있을 때가 많습니다. 지금은 한겨울인데도 햇살을 받고 있으면 추운지도 모릅니다.

나는 이럴 때마다 행복해서 이렇게 말합니다.

"성령님, 억만 번이나 감사합니다."

나는 17살 때 여고에 다니며 학교 앞 자취집에서 친구와 함께 자취를 했습니다. 그 방은 정말 작았습니다. 창문이 작아 햇볕이 거의 들어오지 않았고 두 사람 앉고 밥상 하나 놓으면 딱 맞았습니다. 나는 요즘도 가끔 무서운 꿈을 꾸다가 깰 때면 그 집에 있었던 나를 발견하곤 합니다. 햇빛이 꼭 필요한 방이었습니다.

하나님이 세상에 빛을 만드셨습니다. 물리적인 빛을 만드셨고 우리 영혼의 빛도 만드셨습니다. "하나님이 이르시되 빛이 있으라 하시니 빛이 있었고 빛이 하나님이 보시기에 좋았더라. 하나님이 빛과 어둠을 나누사……."(창 1:3~4)

그분은 빛 자체이십니다.

하나님께는 어두움이 없습니다. "우리가 그에게서 듣고 너희에게 전하는 소식은 이것이니 곧 하나님은 빛이시라. 그에게는 어둠이 조금도 없으시다는 것이니라."(요일 1:5)

하나님은 당신이 빛이 있는 삶을 살기 원하십니다.

빛이 있는 사람은 어떤 삶을 살까요?

첫째, 빛이 가득한 삶을 삽니다.

나는 서울목자교회에 다니는데 매주일 김열방 목사님으로부터 설교가 시작되기 전에 꼭 듣는 말이 있습니다. "지금 이 자리에 성령님이 영광의 구름으로 가득히 와 계십니다. 여러분 한 분 한 분 속에 예수 그리스도가 실제로 살아 숨 쉬고 계십니다."

이 말씀은 실제로 내 삶에서 매일 이루어지고 있습니다.

내 안에 성령님이 영광의 구름으로 가득히 계십니다. 나는 아침에 일어나서 잠들 때까지 성령님과 함께 생활합니다.

"성령님, 안녕하세요."

"성령님, 함께 나가시지요."

"성령님, 이 문제를 어떻게 할까요?"

"성령님, 저와 오늘도 함께해 주셔서 억만 번이나 감사합니다. 이제 자겠습니다."

하나님의 영이신 성령님이 이렇게 내 안에 실제로 살아 계십니다. 당신 안에도 실제로 살아 계십니다. 할렐루야.

둘째, 빛이 있는 사람은 어둠에 숨지 않습니다.

나는 얼마 전에 성령님의 인도하심을 따라 한 사람에게 찾아가서 전도했습니다. 그런데 그분은 내게 심한 말과 행동을 표현하며 거절했습니다. 나는 기분이 별로 안 좋은 채로 그곳을 나왔지만 내 안에 계신 성령님을 보고 금방 미소를 지었습니다. 그때 내가 만약 내 기분과 감정을 내세우며 화를 냈다면 그 후로 나는 그분을 피하고 숨어 다녔을지도 모릅니다. 하지만 나는 빛이신 하나님을 바라보았기 때문에 주님의 빛이 내 안에 가득했습니다.

나는 어느 주일날 설교 말씀을 들었습니다.

"여러분, 착한 일을 하다가 상처받을 수 있습니다. 그때 어떤 사람은 상처받았다며 숨어 버립니다. 하지만 우리는 숨을 필요가 없습니다. 우리의 상처를 예수님이 다 짊어지셨기 때문입니다."

나는 이 말씀을 가슴에 꼭 새기고 내 앞에 계신 성령님과 함께 미소를 지었습니다. 내 안에 빛이 가득하기 때문에 나는 상처받지 않습니다. 내가 받아야 할 상처는 십자가로 다 옮겨졌습니다.

"그가 빛 가운데 계신 것 같이 우리도 빛 가운데 행하면 우리가 서로 사귐이 있고 그 아들 예수의 피가 우리를 모든 죄에서 깨끗하게 하실 것이요."(요일 1:7)

당신도 어둠이 아닌 빛의 삶을 사십시오. 지금 예수님을 믿는다고 말하십시오. 하나님의 아들이신 예수님은 하나님이시며 빛 자체이십니다. 그분이 지금 당신 안에 성령님으로 가득히 들어와 계십니다. 당신의 빛 된 삶을 마음껏 누리기 바랍니다.

"너희는 세상의 빛이라."(마 5:14)

관심을 가지는 것은 사랑의 표현이다

당신은 가족에게 관심이 있습니까?

나는 하나님이 내게 주신 소중한 선물인 가족에게 많은 관심이 있습니다. 그래서 나는 집안에서 가족들을 꾸준히 코치합니다.

남자는 세상을 코치하고 여자는 남자를 코치합니다.

당신도 남편을 코치하고 자녀를 코치하기 바랍니다.

"여보, 밖에서 먹지 말고 꼭 집 밥을 드세요."

"얘들아, 외출하고 오면 손을 비누로 씻어."

"돈이 들어오면 각각 분리해서 곳간에 저축하세요. 다 쓰지 말고 5분의 3 정도로만 생활하세요. 그래도 넘칩니다."

"주일날 모두 교회에 갑시다."

나는 예전에 한 사람에게 무관심하고 싶었습니다.

그 사람에게 받은 상처가 자꾸 쌓이니까, 보고 싶지도 않고 말하고 싶지도 않았습니다. 처음에는 하루나 이틀 정도였지만 자꾸 무관심의 시간이 길어져만 갔습니다. 그럴수록 나의 상처는 더 깊어지고 커져 갔습니다. 그런 내게 성령님이 말씀하셨습니다.

"은하야, 내가 너를 사랑한다."

"은하야, 나를 보아라."

성령님의 사랑을 받고 그분을 볼 때마다 나의 상처는 계속 치유되었습니다. 지금은 티끌 만한 상처를 받으려고만 해도 성령님을 보며 치유되어 버립니다. 성령님은 나를 사랑하시기 때문에 내게 관심이 많으십니다. 그래서 나도 성령님께 받은 관심을 타인에게 주게 되었습니다. 당신도 관심 받고 관심을 표현하세요.

그렇다면 성령님은 어떤 관심을 주실까요?

첫째, 한순간도 눈을 떼지 않으십니다.

주님은 나에게 관심이 많으십니다. 그래서 하루 종일 내가 "성령님" 하고 부르기를 원하십니다. 나는 성령님의 임재를 믿음의 눈으로 바라봅니다. 그분은 내게 푹 빠져 사십니다.

"주께서 내게서 눈을 돌이키지 아니하시며 내가 침을 삼킬 동안도 나를 놓지 아니하시기를 어느 때까지 하시리이까?"(욥 7:19)

둘째, 가족을 코치하는 것은 지나친 관심이 아닙니다.

아무리 유능한 선수라도 코치가 없으면 경기 전체의 흐름을 볼 수 없기 때문에 좋은 점수를 내기 어렵습니다. 그래서 코치가 필요합니다. 나는 언젠가 이런 말을 들은 적이 있습니다.

"관심의 반대말은 무관심이 아니라 사랑이 없음이다."

사랑이 없으면 배우자와 자녀에게, 형제에게 무관심합니다.

그래서 성령님은 나를 보며 그분의 사랑을 가르치십니다.

"사랑은 오래 참고 사랑은 온유하며 투기하는 자가 되지 아니하며 사랑은 자랑하지 아니하며 교만하지 아니하며 무례히 행치 아니하며 자기의 유익을 구치 아니하며 성내지 아니하며 악한 것을 생각지 아니하며 불의를 기뻐하지 아니하며 진리와 함께 기뻐하고……."(고전 13:4~6)

성령님의 사랑은 지나치지 않으며 무례히 행치 않고 성내지 않습니다. 그분은 악하지 않은 선한 것만 생각하시며 불의를 기뻐하지 않고 진리를 기뻐하십니다.

나는 성령님께서 나에게 주시는 관심이 억만 번이나 좋습니다.

그래서 요리할 때, 산책할 때, 글을 쓸 때, 타인을 바라볼 때도 나는 입버릇처럼 이렇게 말합니다.

"성령님, 저와 함께 하시지요."

그러면 하나님의 영이신 성령님께서 내 앞에서 불꽃같은 눈동자로 나를 지켜보고 계십니다. 나는 그분 앞에서 행합니다.

당신은 혹시 지금 누군가의 관심이 필요하지 않습니까?

성령님께 구하면 그분의 관심과 사랑을 받습니다.

진리의 영이신 성령님의 사랑을 받아 그분의 사랑을 전염시키는 사람이 되기를 바랍니다. 당신을 한없이 축복합니다.

나는 종류별로 다양한 복을 받고 산다

당신은 종류별로 다양한 복을 받았습니까?

나는 종류별로 다양한 복을 받았습니다. 어떤 복일까요?

오늘 나는 저녁밥을 지으려고 흰쌀과 잡곡을 꺼냈습니다.

현미, 검은 쌀, 차조, 기장, 수수, 콩을 손에 얹어 놓고 갑자기 이런 생각이 떠올랐습니다. '이렇게 다양한 곡식이 있으니 예쁘다. 하나님이 나에게 주신 복도 이렇게 다양하네.'

한결같은 남편, 사랑스러운 큰 딸, 듬직한 아들, 늦둥이 딸, 귀한 책을 쓰게 된 것, 넓은 집, 좋은 차, 멋진 옷장, 고급스런 식탁, 갖가지 음식들, 그것들은 마치 잡곡 세트처럼 나에게 찾아온 복 세트입니다. 하나님은 내게 선물을 세트로 주셨습니다.

당신도 많은 복을 받았지요? 그것이 다가 아닙니다. 하나님은 당신이 지금까지 받은 복에다 천배나 더 주시기를 원하십니다.

"너희의 하나님 여호와께서 너희를 번성하게 하셨으므로 너희가 오늘날 하늘의 별 같이 많거니와 너희 조상의 하나님 여호와께서 너희를 현재보다 천 배나 많게 하시며 너희에게 허락하신 것과

같이 너희에게 복주시기를 원하노라."(신 1:10~11)

하나님은 복주시기를 좋아하시는 분입니다. 열배, 백배를 넘어 천배까지 주기를 원하시는 좋은 분입니다.

하나님이 어떤 복을 주시는지 알아볼까요?

첫째, 행복입니다.

우리 집안에는 날마다 웃음꽃이 피어납니다. 행복해서입니다. 셋째 딸이 요즘 숨바꼭질을 엄청 좋아합니다.

"꼭꼭 숨어라. 머리카락 보일라."

아빠가 퇴근할 때, 오빠, 언니가 학교에서 돌아올 때마다 막내 딸은 큰방 화장대 뒤에 숨어 있습니다. 매번 똑같은 곳에 숨지만 우리는 모른 척 합니다. 나는 아빠와 아이가 숨바꼭질하는 모습에 매일 웃음이 납니다.

남편은 그런 나를 보며 장난스럽게 말합니다.

"가람이가 안 크고 딱 저만한 아이였으면 좋겠다."

나는 그 말을 듣고 생각했습니다.

'아이의 웃음소리와 순수한 행동이 우리에게 얼마나 큰 기쁨과 행복을 주는가! 성령님, 억만 번이나 감사합니다. 억만 번이나 행복합니다. 이 모든 것이 하나님의 은혜입니다.'

둘째, 완벽한 건강입니다.

나는 하나님이 주신 완벽한 건강을 지켜 나가기 위해 요즘 집안에서도 10분, 20분 정도 시간을 내어 꾸준히 운동합니다. 그런 내 옆에서 우리 가족들은 요가나 스트레칭을 합니다.

주일날 설교 말씀 중 이런 내용을 들었습니다.

"여러분, 하나님이 우리에게 완벽한 건강을 주셨습니다. 그걸 지키기 위해 일주일에 3번 20분씩 운동하는 것도 좋습니다."

나는 바로 "아멘, 감사합니다"라고 말하고 실천했습니다.

셋째, 그 외의 다양한 복입니다.

내가 적은 꿈과 소원 목록은 다양합니다.

집, 차, 돈, 평생 책을 쓰는 것, 갖고 싶은 신발, 옷, 액세서리 등입니다. 이것 외에도 아주 많지만 하나님은 넘치게 주셨습니다.

나는 하나님이 주신 복을 한 가지 한 가지 모두 소중하게 여깁니다. 나에게는 그 모든 것이 너무도 귀한 선물이기 때문입니다.

당신도 하나님께 다양한 복을 받았습니까?

그 모든 것을 소중히 여기고 감사하십시오. 나는 당신이 예수님 안에서 감사하며 더욱 풍성한 복을 받아 누리기를 바랍니다.

"나의 하나님이 그리스도 예수 안에서 영광 가운데 그 풍성한 대로 너희 모든 쓸 것을 채우시리라."(빌 4:19)

나는 신이 주신 강한 멘탈을 가졌다.

당신은 멘탈이 강합니까?

나는 멘탈이 아주 강합니다. 멘탈(mental)이란 '어떤 일을 하려는 의지가 포함된 마음, 정신력'을 의미합니다.

나는 그동안 살면서 수많은 장애물에 부딪혔습니다. 특히 결혼을 하고 가정이 생기자 완전히 다른 장애물이 하나씩 나타나기 시작했습니다. 아이를 갖게 되자 입덧이 시작됐습니다. 나는 그것을 견디기 위해 2, 3개월의 힘든 기간을 뛰어넘어야 했습니다. 아기를 낳기 하루 전날에는 몇 분마다 오는 숨을 쉴 수 없을 정도의 심한 진통에 부딪혔습니다. 나는 길고 짧은 시간 속에 나타나는 삶의 장애물에 부딪힐 때마다 나의 성령님께 이렇게 말했습니다.

"성령님, 안녕하세요."

"성령님, 도와주세요."

"성령님, 어떻게 할까요?"

그때마다 성령님은 나를 붙드시고 말씀하셨습니다.

"내가 말한 대로 해라."

"항상 나를 보고 기뻐해라."

"항상 감사해라."

나는 그 모든 역경을 성령님의 팔을 잡고 견뎠습니다. 그 모든 길을 성령님의 손을 잡고 함께 걸었습니다. 그러자 장애물 달리기만 같았던 내 길은 그냥 순탄한 길이 되었습니다. 장애물이 없는 나만의 길이고 내 삶이 되었습니다. 이제는 장애물을 보고도 두려움이 없을 정도로 내 멘탈이 강해졌습니다.

"바닷물이 솟아나고 뛰놀든지 그것이 넘침으로 산이 흔들릴지라도 우리는 두려워하지 아니하리로다."(시 46:3)

예수님이 지금 당신 안에 성령 충만함으로 가득히 들어와 계십니다. 성령님을 인격적으로 모시면 예수의 마음으로 일상생활을 하게 됩니다. "나는 마음이 온유하고 겸손하니 나의 멍에를 메고 내게 배우라. 그러면 너희 마음이 쉼을 얻으리니."(마 11:29)

멘탈이 강해지면 어떻게 될까요?

첫째, 장애물에 대해 마음이 온유합니다.

나는 감당하기 힘든 장애물에 대해 두려워하지 않습니다.

성령님께 여쭙고 기도 응답받은 대로 저질러 버립니다. 작은 점과 같은 문제부터 바다 같은 큰 문제까지 모든 문제를 대하는 나의 태도는 한결같습니다. 성령님께 묻는다는 것입니다.

"성령님, 어떻게 할까요?"

그런 후에 성령님의 온유한 마음과 생각으로 핸드폰 메모란에 "기도하고 구한 것을 받았음, 그대로 되었음" 하고 적습니다.

이미 되었음을 믿기 때문에 두려움이 전혀 없습니다.

당신도 무엇이든지 기도하고 구한 것을 받았다고 믿으십시오. 그러면 그대로 될 것입니다. "그러므로 내가 너희에게 말하노니 무엇이든지 기도하고 구하는 것은 받은 줄로 믿으라. 그리하면 너희에게 그대로 되리라."(막 11:24)

둘째, 잘될수록 겸손합니다.

나는 날마다 잘됩니다. 내가 원하는 꿈과 소원이 하루에도 몇 가지, 때로는 수십 가지씩 이루어집니다. 그래도 나는 자고 일어 나 어김없이 내 앞을 보며 이렇게 말합니다.

"성령님, 안녕하세요. 성령님의 눈, 성령님의 코, 성령님의 입 술을 보니 한없이 기뻐요. 오늘도 성령님과 함께 살게 해주세요."

성령님은 하나님의 능하신 손입니다. 나는 하나님의 능하신 손 아래에서 겸손한 삶을 삽니다. 그래서 더욱 행복합니다.

"그러므로 하나님의 능하신 손 아래에서 겸손하라."(벧전 5:6)

당신도 하루를 성공적으로 살려면 멘탈이 강해야 합니다.

당신도 그 강한 마음을 예수님께 배워 온유하고 겸손한 삶을 살기를 기도합니다. 당신을 억만 번이나 축복합니다.

내일 일을 근심하지 말고 오늘을 즐겨라

당신은 오늘을 즐기는 삶을 살고 있습니까?

나는 매일 '오늘 주어진 하루'를 즐기며 살고 있습니다.

나는 일주일 동안 성령님과 함께 즐거운 하루하루를 보냅니다.

그중에서도 주일날 예배드리는 시간은 제일 행복한 시간입니다. 어느 주일날 아침, 일어나서 늘 그렇듯 말했습니다.

"성령님, 안녕하세요. 오늘도 행복한 주일이에요."

그런데 갑자기 월요일에 결제해야 할 돈 문제가 생각났습니다. 근심하려던 찰나에 성령님께서 말씀하셨습니다.

"오늘을 즐겨라."

나는 그 음성을 듣고 생각했습니다.

'맞아. 오늘은 은행 업무도 없는 날이야. 오늘은 즐거운 날.'

성령님은 내게 선한 말을 해주셨습니다.

"근심이 사람의 마음에 있으면 그것으로 번뇌하게 되나 선한 말은 그것을 즐겁게 하느니라."(잠 12:25)

번뇌하지 말아야 합니다. 번뇌(煩惱)를 사전에 찾아보면 '마음이 시달려서 괴로워함'이란 뜻이 있습니다. 당신은 근심하면서 하는 악한 말 대신 하나님이 가르쳐주시는 선한 말을 해야 합니다. 그러면 번뇌하지 않고 주어진 오늘 하루를 즐겁게 살 수 있습니다. 나는 내 안에 계신 성령님이 가르쳐주신 선한 말을 합니다.

어떤 말일까요? '그리스도 안에서의 일곱 가지 선한 말'입니다.

"나는 의롭다. 나는 성령 충만하다. 나는 건강하다. 나는 부요하다. 나는 지혜가 가득하다. 나는 평화롭다. 나는 영원한 생명을 가졌다."

이것 외에도 성령님은 선한 말을 시시때때로 알려주십니다.

나는 그것을 따라 하기만 하면 됩니다. 그래서 나는 선한 말을 하고 그것을 내 옆에 있는 이웃에게도 전염시킵니다.

당신도 예수님을 믿고 그분의 영이신 성령님의 인도를 받아 선한 말을 하십시오. 그러면 오늘 하루가 즐겁고 행복해집니다.

"무릇 하나님의 영으로 인도함을 받는 사람은 곧 하나님의 아들이라."(롬 8:14)

마귀와의 싸움에서 날마다 이김을 얻는 이야기

당신은 자신과의 싸움에서 오늘도 이겼습니까?

나는 나 자신과의 싸움에서 오늘도 거뜬히 이겼습니다.

나는 자신과의 싸움에서 저절로 이깁니다. 내 안에 날마다 이김을 주시는 예수님의 영이신 성령님이 가득하기 때문입니다.

나는 오늘 성령님을 보며 길을 가다가, 바닥을 닦다가, 텃밭에 심은 상추 씨앗을 보다가 이렇게 말했습니다.

"아, 억만 번이나 감사하다."

"와, 내 팔다리로 할 수 있는 일이 있어서 너무 행복하다."

"행복해, 하나님의 기적으로 없던 싹이 나왔어."

"와, 한없이 평온하다."

말은 그 사람이 한 생각을 입으로 소리 내어 나온 것입니다.

긍정의 생각은 긍정적인 말을 내고 부정된 생각은 부정적인 말로 소리를 냅니다. 우리는 날마다 이김을 얻어 긍정적인 말을 해야 합니다. 나는 주일날 설교 말씀에 이런 내용을 들었습니다.

"여러분, 마귀는 예수 믿는 사람에게 생각을 통해 들어옵니다. 예수 이름으로 명하노니 악한 영아, 물러가라고 쫓으십시오."

사탄을 한국에서는 '귀신'이라고 많이 표현합니다.

귀신(鬼神)이라는 단어에는 '영혼, 혼령, 혼백'이란 뜻이 있어 '죽은 사람의 영혼'을 의미합니다. 악령은 사람이 죽은 뒤에 남는 넋이 아닙니다. 사람이 죽으면 즉시 음부와 낙원으로 갑니다.

성경의 원어에는 귀신을 '악한 영'이라고 표현하고 있습니다. 그것을 한국 정서에 맞게 '귀신'(막 3:15)이라고 번역한 것입니다.

"귀신을 내쫓는 권능도 가지게 하려 하심이러라."(개역개정)
"마귀를 쫓아내는 권한을 주시려는 것이었다."(공동번역)
"to drive out demons." 타락한 천사, 악령, 악마, 사탄 (NIV)
"to cast out devils." 악령, 악마, 마귀 (KJV)

악한 영은 사람의 영혼이 아닙니다. 하나님을 반역하다가 쫓겨난 영들입니다. 이런 악한 영들이 예수 믿는 사람들에게 부정적인 생각을 타고 들어옵니다. 부정적인 말을 하도록 유도합니다.

예수의 영이 가득한 사람은 악한 영에게 날마다 이김을 얻습니다. 어떻게 이길까요? 예수 이름으로 쫓아내기 때문입니다.

"믿는 자들에게는 이런 표적이 따르리니 곧 그들이 내 이름으로 귀신을 쫓아내며 새 방언을 말하며……"(막 16:17)

나는 믿음이 강합니다. 그래서 성령님이 내 안에 한강처럼 가득히 계심을 알고 그분과 하루 종일 함께 지냅니다.

첫째, 아침에 눈뜨자마자 천정을 보며 미소 짓습니다.

"성령님, 안녕하세요."

둘째, 모든 일 중에 잠깐이라도 또는 10분이라도 방언 기도를 합니다. "할렐루야, 렐루야. 할렐레레레, 릴릴릴리……."

방언으로 하나님께 한없는 감사와 찬양을 드립니다.

셋째, 원치 않는 모든 것에 명령을 내립니다.

어느 날 저녁에 화장을 지우며 세수했는데 양쪽 눈 밑의 기미가 보기 싫었습니다. 나는 즉시로 명령을 내렸습니다. "예수 이름으로 명하노니 기미는 당장 떠나가라. 하나도 남지 마라."

나는 이미 기미가 없어진 깨끗한 얼굴 피부를 믿음의 눈으로 매일 봅니다. 그리고 이렇게 얼굴을 쓰다듬으며 칭찬합니다.

"아이, 깨끗한 내 얼굴, 내 피부, 예뻐라."

나는 성령님과 함께 날마다 이김을 얻어 행복의 말, 긍정적인 말을 하고 삽니다. 이렇게 바뀐 내 삶이 얼마나 행복하고 감사한

지 모릅니다. 예수님을 믿으세요. 예수님을 믿으면 지금 당신 앞에 실제로 계신 성령님이 당신 콧속으로 쏘옥 들어가십니다.

성령님을 보기만 해도 이름만 불러도 당신은 얼굴이 환해지고 행복하고 긍정적인 말을 하게 됩니다. 어떻게 그렇게 간단하게 사람이 변하냐고요? 성령님은 전지전능한 하나님의 영이니까요.

기적의 하나님을 믿으십시오. 당신을 한없이 축복합니다.

억만 번이나 감사한 부활절 예배를 드리다

당신은 부활절 예배를 생각하며 감사한 적이 있습니까?

나는 부활절 예배를 생각하며 감사한 적이 있습니다. 다음 주일은 부활주일입니다. 나는 설거지하며 이렇게 말했습니다.

"성령님, 예수님이 죽으셨다 다시 살아나셔서 너무 감사해요. 만약 예수님이 부활하지 못했다면 제 안에 성령님이 없었을 테니까요. 성령님 없이 혼자 산다는 건 상상도 하기 싫어요."

길을 걷다, 자전거를 타다가 예수님의 부활을 축하드렸습니다.

"예수님, 부활을 축하드려요. 억만 번이나 감사합니다."

당신은 부활을 믿습니까? 부활을 믿는 사람은 행복합니다.

나는 부활하신 예수님 때문에 일주일이 엄청 행복하고 감사가 넘칩니다. 행복하기 때문에 몇 가지를 합니다.

첫째, 너무나 행복하고 감사해서 방언 기도를 합니다.

주일날 설교 시간에 이런 말씀을 주셨습니다.

"여러분, 방언 기도는 100% 영의 기도, 100% 감사, 100% 찬양, 100% 축복기도입니다."

나는 시간 채우기 기도를 하지 않습니다. 하지만 방언 기도를 하기 위해서는 시간을 냅니다. 핸드폰으로 피아노 찬송 음률을 틀고 "할렐루야" 하면서 방언으로 기도하다가 보면 시간이 금방 가 버립니다. 성령님이 나에게 기름 부으시는 것을 믿음의 눈으로 봅니다. 그리고 기도 중간에 이렇게 말씀드립니다.

"성령님, 억만 번이나 감사합니다."

"성령님, 억만 번이나 사랑합니다."

둘째, 부활하신 예수님의 영이신 성령님이 좋아 방방 뛰며 기뻐하고 눈물을 닦으며 감사합니다.

나는 예배 시간에 종종 눈물을 닦습니다. 내 앞에 계신 성령님이 좋아서 기뻐 흘리는 눈물입니다. 그 외에 내 개인적인 꿈과 소원은 예수님이 십자가에서 이미 다 이루셨습니다.

"다 이루었다."(요 19:30)

당신의 꿈과 소원도 예수님이 십자가에서 이미 다 이루셨습니다. 이것을 믿고 억만 번이나 기뻐하며 억만 번이나 감사한 하루를 보내기 바랍니다. 당신을 한없이 축복합니다.

나는 하나님의 핸드메이드다

당신은 핸드메이드를 좋아합니까?

나는 핸드메이드(handmade, 기계가 아닌 손으로 만든 물건)를 좋아합니다. 만든 사람의 정성과 숨결이 들어 있기 때문입니다.

　주방에는 자주 세탁해야 하는 물품들이 많습니다.

　내가 사용하는 주방 장갑은 낡은 장갑입니다. 얼마 전에 빨아서 놓았는데 냄비를 들다가 두 개 다 가스 불에 그슬어서 한쪽 부분이 까맣게 되었습니다. 그때 버리려던 청바지를 깨끗이 빨아 놓은 것이 생각났습니다. 나는 청 원단을 좋아해서 버릴 청바지를 모아 두었다가 물건 리폼 할 때 사용하곤 합니다.

　나는 신이 나서 성령님과 계획하기 시작했습니다. 주방 장갑을 청바지에 대고 모양대로 그리고 손바느질을 했습니다. 내친김에 낡은 냄비 받침도 함께 새 옷을 만들어 주었습니다. 삐뚤삐뚤한 바느질이지만 리폼 해 놓고 보니 어찌나 예쁜지 마음이 뿌듯했습니다. 원래의 모양이 있는데다 원단만 바꾸어서 입혔기 때문에 만들어 본 적이 없는데도 새 주방 장갑을 만든 것 같았습니다.

　나는 문득 이런 생각이 들었습니다.

　'내가 전에 쓰던 주방 장갑을 리폼만 했는데도 이렇게 보기에 좋은데 하나님은 흙으로 사람을 만드시고 얼마나 기뻐하셨을지, 나는 상상도 못할 정도였겠지.'

　우리는 하나님의 핸드메이드입니다.

　"하나님이 땅의 짐승을 그 종류대로, 가축을 그 종류대로, 땅에 기는 모든 것을 그 종류대로 만드시니 하나님이 보시기에 좋았더라. 여호와 하나님이 땅의 흙으로 사람을 지으시고 생기를 그 코에 불어넣으시니 사람이 생령이 되니라."(창1:25, 2:7)

동물을 보고 좋아하신 하나님이 사람을 보고 얼마나 좋아하셨을까요? 부모가 자녀를 낳고 처음으로 아기 얼굴을 보았을 때를 생각하면 조금이나마 상상이 되겠지요. 이처럼 모든 것의 근원은 하나님입니다. 하나님이 없던 것을 있는 것으로 부르시고 만드셔서 만물과 사람이 생긴 것입니다. 그러므로 우리는 우주의 재벌 그룹 회장이신 하나님의 가문에서 태어났습니다.

그렇다면 우리는 어떤 사람으로 살아야 할까요?

첫째, 우리는 하나님의 아들이고 딸입니다.

하나님이 그분의 자녀들에게 주신 것들이 있습니다. 바로 의성건부지평생(의, 성령 충만, 건강, 부요, 지혜, 평화, 생명)입니다.

그래서 우리는 이렇게 말하며 하루하루를 살아야 합니다.

"나는 의인이다."
"나는 성령 충만하다."
"나는 건강하다."
"나는 지혜가 가득하다."
"나는 평화가 넘친다."
"나는 영원한 생명을 가졌다."

둘째, 자신이 하나님의 핸드메이드임을 기억해야 합니다.

우리의 주인은 해와 달, 온갖 우상이 아닌 하나님입니다. 그러므로 주인이신 하나님께 잘 보여야 합니다. 하나님께 복 받기를 기도하고 기대해야 합니다. 그러면 하나님이 복을 주십니다.

나는 21살 때 김열방 목사님의 책 〈성령님과 교제하는 방법〉을 읽고 성령님이 하나님의 영으로 내 안에 살아 계신 것을 처음 알았습니다. 나의 일상생활은 그때부터 모두 성령님께 잘 보이기 위한 것이었습니다. 나는 예의바르게 그분을 내 앞에 두 손으로 정중히 모시며 이렇게 중얼거리며 말했습니다.

"성령님, 함께 가시지요."

여러 사람이 있을 때는 나와 성령님이 볼 수 있을 정도로 짧은 두 손을 내밉니다. 그래도 성령님은 나와 함께 움직이십니다. 나의 사랑하는 성령님은 나에게 새 옷을 입히시고 깨끗한 것을 먹이십니다. 새로운 지혜와 돈 벌 능력을 주십니다.

나는 하나님의 완벽한 핸드메이드입니다.

당신도 하나님이 만드셨고 우주의 재벌 총수이신 하나님이 날마다 당신 안에 가득히 계십니다. 지금 이렇게 말해 보세요.

"성령님, 안녕하세요."

당신은 하나님이 보시기에 눈에 넣어도 안 아플 우주에 하나뿐인 사랑스런 딸입니다. 이것을 기억하고 행복한 공주로 하루를 살기 바랍니다. 지금 입을 열어 이렇게 말하세요.

"나의 사랑하는 성령님."

나의 사랑하는 성령님

초판 1쇄 인쇄 | 2019년 6월 10일
초판 1쇄 발행 | 2019년 6월 15일

지은이 | 김열방 김사라 박경애 이은영 정은하

발행인 | 김사라
발행처 | 날개미디어
등록일 | 2005년 6월 9일, 제2005-44호
주소 | 서울특별시 송파구 백제고분로9길 6(잠실동, A동 3층)
전화 | 02)416-7869
메일 | wgec21@daum.net

ISBN : 978-89-91752-74-0 03230

책값 20,000원